Birgit Althaus

Klöster und Orden
in Deutschland, Österreich und der Schweiz

Impressum

© edel entertainment GmbH, Hamburg
www.moewig.de   www.edel.de

Originalausgabe
Alle Rechte vorbehalten
Text: Birgit Althaus (für Lesezeichen Verlagsdienste)
Fotos: Achim Bednorz, Köln
Layout: Ulrike Selders (für Lesezeichen Verlagsdienste)
Redaktion und Satz: Lesezeichen Verlagsdienste, Köln
ISBN: 978-3-86803-152-2

Printed in Germany

Danksagung

All denen sei gedankt, die die Texte auf ihren Inhalt
hin geprüft und korrigiert oder Informationsmaterial
zur Verfügung gestellt haben. Besonderer, inniger
Dank gilt den Ordensmitgliedern, die sich trotz eines
gewissen Unbehagens in ihrer wunderbaren Schüch-
ternheit haben fotografieren lassen.

Mit 18 Jahren hatte Paul Claudel bei der Vesper am Weihnachtstag in der Pariser Kathedrale Notre Dame (als die Sängerknaben das „Magnificat" sangen) ein religiöses Erweckungserlebnis und war hinfort ein tiefsinnig Hörender.

Als 13-jähriger Klosterschulneuling bin ich mit der Rhätischen Bahn von Chur nach Disentis gefahren. Kurz vor meiner Endstation starrte ich gebannt auf die imposanten Doppeltürme und die lange Fassade. Je näher ich dem benediktinischen Kloster kam, umso baufälliger zeigte es sich. Ein älterer Mitschüler meinte tröstend: „Drinnen sieht es nicht so armselig aus." Wie recht er hatte. Beim Betreten der barocken Klosterkirche blieb ich wie angewurzelt stehen. Ich befand mich in einem hohen, lichtdurchfluteten Raum, der Würde und Ruhe ausstrahlte. Da wurde mir die Polarität des Lebens bewusst: außen arm, innen reich. Oder wie es der Dichter Georg Bernanos sagt: „Alle Herrlichkeit ist innerlich".

Immer mehr Menschen verschiedenster Glaubensrichtungen suchen Klöster auf. Sie wollen weg von der Geschäftigkeit des Lebens, hoffen, auftanken zu können an einem Ort der Ruhe und Stille, wollen erfahren, wie Klostermenschen leben, nehmen teil an der Liturgie, die den Alltag der Frauen und Männer in diesen Häusern prägt. Sie freuen sich, Menschen zu begegnen, die an solch besonderen Orten im Wechsel von Meditation und Arbeit ihren Ausgleich finden, und hoffen, dabei selbst die Nähe zum Mysterium (zum Geheimnis) zu spüren, das sich in Schöpfung und Menschheitsgeschichte, in Kirche und strahlenden Menschen sich offenbart. Wer diesen Zugang zur Innenwelt sucht, vernimmt gerne die Stimme des großen Meisters der Innerlichkeit, des heiligen Benedikt, der jeden Suchenden und jede Suchende empfängt mit den Worten des Prologs: „Höre, mein Sohn, höre meine Tochter!"

Mit Aufmerksamwerden, Stillwerden, mit Lauschen und Staunen beginnt dieser Weg, der zur nachhaltigen Lebensform werden möchte! Die Glut unter der Asche bekommt Sauerstoff, es entfacht sich das Feuer.

Pater Columban Züger
Spiritual und Administrator
Benediktinerinnenkloster Sankt Johann
CH - 7537 Müstair

Motivation Glaube – ein Vorwort

Wie kann ich als guter Christ leben, meinen Glauben für mich selbst festigen, beweisen und anderen Menschen auch mitteilen, ein Vorbild sein? Diese Frage beschäftigt Christen seit Anbeginn der Verbreitung ihres Glaubens.

Ein Weg war für viele der Rückzug aus der Gemeinschaft, die Suche nach einem individuellen Heilsweg, der z. B. im Frühchristentum zu einem sehr stark asketisch geprägten Eremitentum mit teilweise bizarren Ausmaßen führte. Einen anderen Weg gingen frühchristliche Gruppen, die in der Gemeinsamkeit des Gebetes, des Dienstes für und an Gott und an anderen Menschen, ihren Weg fanden. Aus diesem gemeinschaftlichen Lebensideal entstanden die ersten Klöster, deren Gründer aus praktischen Erwägungen auch Haus-regeln aufstellten, die das Verhalten, den Besitz, die Erwirtschaftung des Lebensunterhalts und den Gottesdienst sowie die Gebetszeiten bestimmen sollten. So wie Männergemeinschaften entstanden, wurden auch Frauenklöster gegründet, aber auch Doppelklöster, in denen Männer und Frauen getrennt nebeneinander lebten. Zu nennen wären die Klostergründer des 4. und 5. Jahrhunderts: Pachomius, Basilius von Cäsarea, Ambrosius,

Augustin, Martin von Tours, Honoratus von Lerin und Johannes Cassian.

Klostergründungen im frühen Mittelalter darf man sich nicht systematisch vorstellen, denn noch gab es keine Orden, die Gründungen organisierten. Jeder, der sich berufen fühlte, genügend Anhänger fand, seinem Kloster eine Regel gab und sich an die Kirchenregeln hielt, die auf den verschiedenen Synoden festgelegt worden waren, konnte ein Kloster gründen und es anerkennen lassen. Doch schon im 6./7. Jahrhundert bildeten sich Schwerpunkte einer Mönchs- und Klosterkultur heraus. Alle Regeln dieser Zeit legten ihren Schwerpunkt auf die persönliche Arbeit für den Lebensunterhalt im Wechsel mit Gebet und Erholung; sie regelten die Stellung des Abtes zur Gemeinschaft, die Aufnahme in das Kloster und die Gebäude, die ein Kloster haben sollte. Von diesen ersten Regeln setzten sich im Laufe der Zeit die Regel des heiligen Benedikt und die Regel des heiligen Augustinus durch. Erst mit den Reformversuchen der Klöster im 11. Jahrhundert (Hirsauer Reform, Zisterzienser u.a.) und der Laienbewegung im 12./13. Jahrhundert entstanden neue Orden mit neuen Regeln (Franziskaner, Dominikaner).

Im Laufe der nächsten Jahrhunderte war die monastische Lebensform immer wieder gefährdet, sei es durch innerkirchliche Auseinandersetzungen (Reformation und Gegenreformation) oder staatliche Steuerungsversuche und Repressalien (Josephinismus, Säkularisation, Kulturkampf), wodurch die Weiterentwicklung des Klosterlebens teils zum Erliegen kam oder zumindest erlahmte. Dass es auch heute immer noch Klöster gibt, zeigt, dass diese Form des religiösen Lebens bei vielen einem inneren Christenbedürfnis entspricht.

Heutzutage öffnen sich viele Klöster für Besucher, um sie auf ihrem Weg zu sich und Gott mit vielfältigen Angeboten wie Exerzitien, Meditationen, Tagen der Stille oder mit der Möglichkeit „Kloster auf Zeit" zu begleiten. Diese Öffnung darf jeder als Chance verstehen – sowohl der Mönch oder die Ordensschwester als auch der Besucher –, im Dialog in der Nachfolge Christi zu leben. Die Klosterarchitektur, die Liturgie sowie die Gebete oder Seminare – alles weist hier auf den Einen, alles ist Gottesdienst.

Birgit Althaus

Inhalt

Impressum/Danksagung	2	Augustiner		Dominikaner	
Vorworte	3, 4	Einleitung	70	Braunschweig	124
Benediktiner		Germershausen	72	Koblenz	128
Einleitung	6	Sankt Florian	75	Kapuziner	
Wechselburg	8	Zisterzienser		Einleitung	132
Travenbrück	11	Einleitung	78	Zell am Harmersbach	133
Kornelimünster	14	Panschwitz-Kuckau	80	Salesianerinnen	
Siegburg	17	Bochum	83	Dietramszell	136
Maria Laach	22	Marienstatt	87	Trappisten	
Meschede	26	Maulbronn	91	Heimbach	139
Rüdesheim	30	Zwettl	96	Pallottiner	
Ettal	33	Posieux	99	Immenstaad	142
Andechs	37	Ursulinen		Salesianer Don Boscos	
Ottobeuren	42	Bad Neuenahr-Ahrweiler	102	Benediktbeuern	145
Weingarten	45	Prämonstratenser		Salvatorianer	
Kelheim	48	Roggenburg	108	Kall-Steinfeld	150
Niederaltaich	51	Exerzitien	112	Evangelische Gemeinschaften	
Melk	54	Franziskaner		Heiligengrabe	154
Göttweig	58	Einleitung	114	Rehburg-Loccum	157
Müstair	62	Hülfensberg/Eichsfeld	115		
Einsiedeln	67	Insel Nonnenwerth	118	Glossar	160
		Bad Staffelstein	121		

Als Benedikt von Nursia 529 sein Kloster Monte Cassino gründete und seiner Gemeinschaft eine Regel gab, griff er auf bereits bestehende Regeln wie die Magisterregel oder die Regeln Kolumbans zurück und fasste sie klug und ausgewogen zusammen. Dass aus seinem Wirken einnmal ein Orden entstehen sollte, der sich über Monte Cassino hinaus verbreitete und über Jahrhunderte Bestand hat, daran wird er wohl nicht gedacht haben. Die Benediktregel (Regula Benedicti) beinhaltet u. a. die Gelübde Armut, Gehorsam, Keuschheit und Zölibat, ein gemeinschaftliches Leben, die strenge Gliederung des Tages durch Arbeit, Gebet, Schweigen und Schlaf und die stabilitas loci, die lebenslange Zugehörigkeit zu dem Eintrittskloster.

Alle Lebensbereiche sowie die Formen des Umgangs miteinander hat Benedikt bedacht und beschrieben. Das Kloster etwa sollte innerhalb seiner Mauern alles Lebensnotwendige liefern. Nach Benedikt müssen im Kloster Wasser, eine Mühle und ein Garten vorhanden sein, außer-

dem sollen verschiedene Berufe ausgeübt werden können. Neben Oratorium (Gebetssaal), Dormitorium (gemeinschaftlicher Schlafsaal), Refektorium (Speisesaal), Küche und Wirtschaftsräumen erwähnt Benedikt noch die Wohnung des Pförtners, ein Gebäude für die Novizen und die Oblati (dem Kloster übereignete Kinder) sowie ein Gästehaus. Das ganze Regelwerk ist unter www.kloster-ettal.de/regel/ nachzulesen.

Eine enorme Verbreitung erfuhr die Benediktregel mit dem Leitgedanken „ein Reich – eine Kirche" der Franken. Winfried Bonifatius, der mit päpst-

lichem Auftrag ausgestattet war, unterstellte sein Kloster in Fulda und auch alle weiteren Klosterneugründungen der Benediktregel, die er zur alleingültigen im Reich erklärte. Aber erst die Karolinger setzten diesen Gedanken zu Beginn des 9. Jahrhunderts gezielt und umfassend, auch bei schon bestehenden Klöstern, in die Tat um.

Die karolingischen Herrscher verstanden die Klöster innenpolitisch als kulturförderndes und missionarisches Instrument; entsprechend änderten sich die Aufgaben der Klöster. Es mussten z. B. Klosterschulen eingerichtet werden, die Li-

Links: Der Monte Cassino

turgie und die wissenschaftliche Ausbildung bzw. das Studium erhielten neben dem kontemplativen Aspekt den gleichen Stellenwert – Mönche wurden für die Seelsorge in der Gemeinde herangezogen, Gottesdienste mussten dort gefeiert werden, Schreibstuben entstanden und Musterklöster wurden erbaut. Höhepunkt der Kirchenreform nach benediktinischem Vorbild war die Zeit des Benedikt von Aniane (750–821) unter Kaiser Ludwig dem Frommen. Seit dem 9. Jahrhundert kann sicherlich von einem einheitlich entstehenden Benediktinerorden gesprochen werden.

Zur gleichen Zeit, etwa um das Jahr 830, ist auch der Sankt Gallener Klosterplan entstanden, der ein idealtypisches Benediktinerkloster entwirft. Die Reichsklöster sollten nicht nur spirituell mit einer Stimme sprechen, sondern auch baulich der Benediktregel entsprechen. Das heute noch bestehende Kloster Neustift in Österreich zeigt in groben Zügen die Anordnung der einzelnen Gebäude nach besagtem Plan. Nach dem äußeren Vorbild des Ursprungsklosters Monte Cassino

bevorzugten die Benediktiner fortan Berghöhen für ihre Klöster.

Das 11. Jahrhundert brachte grundlegende Änderungen mit sich. Die Klöster versuchten die Gängelung durch das Reich und seine Verfügungsgewalt wieder abzustreifen. Dies zeigte sich einerseits im Streben der Klöster nach einer rechtlichen Selbstständigkeit und andererseits in einer Rückbesinnung auf die Kontemplation und eine genaue Regelbefolgung (Hirsauer Reform). Politische Instrumentalisierung, Seelsorge, Schuldienst und Messen für die Gemeinde wurden fortan abgelehnt. Als Folge entstanden die ersten Gemeinde- und Pfarrkirchen, da die Klosterkirche nur noch den Mönchen zur Verfügung stand. Doch die kontemplative Versenkung der Mönche und die starke Ausdehnung der mönchischen Gebetszeiten und Messen – als ununterbrochenes Gotteslob (laus perennis) verstanden – hatten den Nachteil, dass für die Erwerbsarbeit keine Zeit mehr blieb. Eine Lösung bedeutete die Einführung der Laienbruderschaft, das Konver-

senamt: Laienbrüder wurden in die Gemeinschaft aufgenommen, lebten ähnlich wie die Mönche, erhielten aber nicht deren Status und erwirtschafteten für das Kloster den Unterhalt. Die Konversen erhielten ein eigenes Wohngebäude innerhalb der Klostermauern, und in der Kirche saßen sie getrennt von den Mönchen.

Die konsequente Versenkung im Gotteslob bedeutete für die Mönche, sofern nicht gebetet wurde, striktes Schweigen. Das war jedoch bei der Führung eines Klosters auf Dauer unpraktikabel, so wurde bei diesen Reformklöstern eine einstündige Sprechzeit am Tag eingeführt. Für diese Gespräche entstand ein neuer Klosterraum, das Parlatorium (Sprechraum). Viele der später entstandenen Benediktinerklöster wie auch andere Orden, z. B. die Zisterzienser, übernahmen diese bauliche Variante.

Heute leben in Deutschland, Österreich und der Schweiz rund 1500 Benediktinerinnen und Benediktiner (www.benediktiner.de).

Benediktiner

Der berühmte Lettner mit dem Triumphkreuz obenauf. Ein Lettner, auch Chorschranke genannt, trennt den Chorraum vom Kirchenschiff. Früher wurde die Messe – für die Gemeinde kaum sichtbar – im Chorraum gefeiert. Hier in Wechselburg befindet sich auch die Krypta im Chorraum. Der Altar, an dem heutzutage die Messe gefeiert wird, steht unter dem Lettner. Das Altarbild im Hintergrund ist im Detail auf Seite 10 zu sehen.

Info

Benediktinerkloster Heilig Kreuz Wechselburg
Markt 10
D-09306 Wechselburg
Tel. 03 73 84/808-11 (Kloster),
   -13 (Jugend- und Familienhaus)
Fax 03 73 84/808-33 (Jugend- und Familienhaus)
benediktiner@kloster-wechselburg.de
jugendhaus@kloster-wechselburg.de
www.kloster-wechselburg.de

Angebot
Einkehrzeiten
Wechselburger Samstag
Jugendvesper
Gästehaus
Kräutergarten
Klosterladen
Wallfahrt

Graf Dedo von Rochlitz-Groitzsch ließ um 1156 in Zschillen eine Kirche als Grablege für seine Familie bauen. Zu dieser Kirche stiftete er ein Kloster, das mit Augustinerchorherren aus Halle besiedelt wurde. Ungefähr um 1180 dürfte die dreischiffige spätromanische Pfeilerbasilika fertiggestellt worden sein, die Klosteranlage etwas später. 1278 übergab Markgraf Heinrich der Erlauchte mit Zustimmung des Bischofs von Meißen das Kloster dem Deutschen Ritterorden. Bis zur Reformation lebten die Deutschritter in der Anlage, dann fiel das Kloster an Moritz von Sachsen, der es 1543 säkularisierte. Aus politischen Gründen tauschte er mit den Herren von Schönburg Kloster Zschillen gegen die Orte Hohnstein, Wehlen und Lohmen in der Sächsischen Schweiz. In der Tauschurkunde wird Kloster Zschillen zum ersten Mal unter dem Namen „Wechselburg" geführt. Vergebens führte der Deutsche Ritterorden bis 1570 Prozesse, um das Kloster zurückzuerhalten.

Auf den während des Dreißigjährigen Krieges zerstörten Klosterfundamenten bauten die Schönburger ein Barockschloss, das ihnen bis zur Enteignung 1945 gehörte. Die Klosterkirche diente den Besitzern bis 1869 als evangelische Schlosskapelle. Dann konvertierten sie zum katholischen

Glauben und gestalteten und renovierten die Kirche wieder nach katholischen Maßstäben. Nach dem Zweiten Weltkrieg wurde die Klosterkirche Pfarrkirche und Wallfahrtsort. Die spätromanische Basilika ist eine der wenigen erhaltenen romanischen Großbauten östlich der Saale. Ihr Lettner ist ein sehenswertes Zeugnis handwerklicher Kunstfertigkeit aus dem 13. Jahrhundert.

1993 gründeten Benediktinermönche aus dem Kloster Ettal das Kloster Wechselburg neu und zogen in das sogenannte kleine Schloss auf dem Gelände.

Englische Parkanlage

Als die Herren von Schönburg ihr Barockschloss errichteten, schufen Landschaftsgärtner und Architekten einen 18 Hektar großen Landschaftspark nach englischem Vorbild, der mit seltenen Bäumen und Sträuchern aus aller Herren Länder bepflanzt wurde. Dieser Park flankiert das Schloss im Westen und Norden. Da dieser mit dem Schloss und der Basilika Touristen

Die Ostansicht der Klosterkirche

Benediktiner

anzieht, ist er in einem sehr gepflegten Zustand. Die barocken Terrassengärten im Süden des Schlosses wurden jedoch bisher wenig beachtet. Die Benediktinermönche haben es sich zur Aufgabe gemacht, diesen Gärten als „Wechselburger Kräutergarten" wieder Leben einzuhauchen. Einen idealtypischen Klostergarten beschreibt das Lehrgedicht von 827 des Mönchs Walahfrid Strabo, einem Benediktiner von der Insel Reichenau. Diesen haben sich die Wechselburger als Vorlage auserkoren.

Willkommen als Gast

Die Mönche des Wechselburger Klosters sind sehr aktiv in der Pfarrseelsorge und der Wallfahrtsbetreuung, z. B. für die Caritas-Wallfahrt oder die Militär-Fußwallfahrt. In ihrem Jugend- und Familienhaus sind Gäste willkommen – ob Pilger oder Menschen, die für einige Tage Ruhe finden wollen in der Begegnung mit Gott.

Die übers Jahr verteilten Wechselburger Samstage bieten die Möglichkeit, sich während des Tages mit Glaubensfragen oder berühmten historischen Persönlichkeiten der Kirche auseinanderzusetzen und an den Gebeten der Mönche teilzunehmen. Für Jugendliche bietet sich die Jugendvesper an: Der gemeinsame Abend – auch eine Übernachtung ist möglich – wird mit einer Musikgruppe, gemeinsamem Gebet und Essen gestaltet. Im zweiwöchigen Ökumenischen Workcamp

Altarbild im Chorraum

wird „Ora et labora" praktiziert: Jugendliche arbeiten am Pavillon oder am Kräutergarten und nehmen regelmäßig an den Gebetszeiten teil, es stehen aber auch Ausflüge und Sport auf dem Programm. (Eventuell neue Projekte sind auf der Homepage zu finden. Die Termine werden regelmäßig aktualisiert.)

Info

Benediktinerkloster Nütschau
Priorat Sankt Ansgar
Schlossstraße 30
D-23843 Travenbrück
Tel. 04531/5004-0
Fax 04531/5004-100
kontakt@kloster-nuetschau.de
www.kloster-nuetschau.de

Angebot

Teilnahme an Chorgebet und Eucharistiefeier
   der Klostergemeinschaft
Bildungshaus Sankt Ansgar mit Kursprogramm
Jugendhaus Sankt Benedikt mit Kursprogramm
Verschiedene Bereiche für Einzelgäste
Eine-Welt-Laden
Buchhandlung

Unter den Karolingern entstand entlang der Trave ein befestigter Grenzwall, der Limes Saxoniae. Und in Nütschau gab es nicht nur eine befestigte Ringwallburg, die Nütschauer Schanze, sondern auch die einzige Furt über die Trave. Also ein strategisch wichtiger Ort, aber eher militärisch-politischer als religiöser Natur, denn im 9. Jahrhundert war die Missionierung des Nordens, des heutigen Schleswig-Holsteins, noch in vollem Gange und weit davon entfernt, flächendeckend und erfolgreich zu sein. Es entstanden zwar die Bistümer Hamburg und Bremen, Bischöfe wurden ernannt, die Missionsaufgaben bis nach Skandinavien übernahmen, aber Kriege und Stammesfehden erschwerten ihre Arbeit oder machten sie gar unmöglich. Der erste Bischof von Hamburg-Bremen war der heilige Ansgar (801–865), der sich Zeit seines Lebens bis nach Skandinavien hinein um die Christianisierung bemüht hat, Kirchen gründete, aber auch permanent Rückschläge erleiden musste.

Vom Herrenhaus zum Haus des Herrn

Um 1259 ist zum ersten Mal ein Herrensitz Nutzkow dokumentiert, der einem gefürchteten Raubritter gehört haben soll. Heinrich Rantzau (1526–1599), u. a. Statthalter des dänischen Königs in Schleswig-Holstein, erbaute auf diesem Gelände 1577 ein großes Gut, das „Castrum Nutzkow", mit einem wasserschlossähnlichen Herrenhaus. Das dreigiebelige Herrenhaus ist bis heute erhalten und gehört zu den ältesten seiner Art im Kreis Stormarn. Nach Rantzaus Tod wechselte es fast dreißigmal den Besitzer, wurde aber nie zerstört. 1938 gehörte es einer jüdischen Familie Schuster, die enteignet wurde und aus Deutschland floh. Das Haus war bis 1950 ein Heim für schwer erziehbare Jugendliche, als die Familie Schuster ihren Besitz wiedererhielt, aber sogleich an die katholische Kirche verkaufte. Wilhelm Berning, der Osnabrücker Erzbischof, erwarb das Gebäude am 3. Februar 1951, dem Hochfest des heiligen Ansgar, um dort ein Kloster einzurichten.

Benediktiner

Der Kirchenraum in der Architektur der 1970er Jahre. Die künstlerische Gestaltung stammt von Siegfried Assmann.

Das Priorat Sankt Ansgar

Die Klostergründung erfolgte mit Benediktinermönchen aus dem Kloster Gerleve (Billerbeck/Westfalen), die sich in den Nachkriegsjahren hauptsächlich um katholische Flüchtlinge und Vertriebene im ansonsten protestantischen Norden kümmerten. Das alte Herrenhaus sollte aber bald schon dem Anwachsen des Konvents und den Aufgaben der Mönche nicht mehr genügend Raum bieten. In den 1970er Jahren erlangte das Kloster nicht nur die Selbstständigkeit, sondern es wurde auch rege gebaut. Es erfolgten Anbauten wie der Speisesaal mit Küche, die Klosterkirche mit einem „Stillen Bereich" für Einzelgäste und das Gästehaus Sankt Ansgar. Bis 1999 lebten die Brüder im alten Herrenhaus, das von Grund auf saniert wurde. Nach den Plänen der Architekten Gisbert Hülsmann und Elmar Sommer entstand neben dem historischen Gebäude ein modernes Konventgebäude aus Beton, Stahl und Glas, das sich harmonisch mit den traditionellen Baumaterialien aus Putz, Ziegeln und Holz verbindet. Das Herrenhaus wird weiterhin von den Mönchen genutzt. Es befinden sich dort die alte Kapelle, der Kapitelsaal, die Bibliothek, das Scriptorium sowie die Verwaltungsräume.

Bildungshaus und Begegnungsstätte

Um den Anforderungen, die durch den Erzbischof im Bereich christlicher Erwachsenenbildung und Jugendarbeit an das Kloster gestellt wurden, gerecht zu werden, wurde 1971 das ehemalige Exerzitienhaus zu einer Bildungsstätte umgebaut, dem Haus Sankt Ansgar. Hier bietet der Orden ein umfangreiches Programm für Einzelgäste, Gruppen, Familien und Ehrenamtliche in der Kirchengemeinde an (Qi Gong, Meditation, Atemübungen, Fasten, Umgang mit Angst, Trauer, Fortbildungen für Kommunionhelfer, Lektoren, Krankenbesuchsdienst usw.).

Speziell auf Jugendliche ist das Angebot im Jugendhaus Sankt Benedikt zugeschnitten, das gegenüber dem Kloster liegt (Ora-et-Labora-Woche, Jugendwochenenden, Bereich für jugendliche Einzelgäste während des ganzen Jahres).

Kloster Nütschau, Travenbrück

Rechts: Das neue Konventgebäude atmet moderne Sachlichkeit, ebenso die Gästezimmer (unten).

Neben dem Bildungshaus Sankt Ansgar mit seinem vielfältigen Kursangebot für Gruppen bietet der „Stille Bereich" Einzelgästen die Möglichkeit zu Besinnung und Erholung. Dieser Bereich schließt sich räumlich an die Mönchsklausur an. Ideal ist die unmittelbare Nähe zur Klosterkirche und die damit verbundene Möglichkeit zur Teilnahme am Stundengebet. Er ist da für Menschen, die für einige Tage Ruhe und Abstand vom Alltag wünschen und neue Kraft und Orientierung im Glauben suchen. Darüber hinaus werden hier auch regelmäßig Einzelexerzitien und Exerzitien in Kleingruppen angeboten. Auf Wunsch sind Mönche und auch zwei Schwestern, die als eigenständige Gemeinschaft auf dem Gelände im Haus Immanuel wohnen, gerne zum Gespräch und geistlicher Begleitung bereit.

Auf Grundlage der Initiatischen Therapie nach Dürckheim wird eine spirituelle Wegbegleitung

für Männer angeboten, die sich „auf den Weg zu sich selbst" machen wollen. In Einzelstunden und im wegbegleitenden Gespräch besteht die Möglichkeit, mit seinen inneren Räumen in Berührung zu kommen. Das Angebot richtet sich an Männer jeden Lebensalters, die sich auf der Sinnsuche befinden, junge Männer in der Phase der Berufsfindung und Männer in der zweiten Lebenshälfte, die sich neu orientieren wollen.

Benediktiner

Info

Benediktinerabtei Kornelimünster
Oberforstbacher Straße 71
D-52076 Aachen
Tel. 024 08/3055
Fax 024 08/3056
benediktiner@abtei-kornelimuenster.de
www.abtei-kornelimuenster.de

Angebot
Kloster auf Zeit
Einzelexerzitien
Oblatentage
Brunnentage der Einkehr
Gästehaus
Teilnahme an Gebet und Messe
Heiligtumsfahrt Kornelimünster

Die neu gestaltete Pforte

Benedikt von Aniane (750–821) gründete 814 das Kloster in Kornelimünster mit dem Namen „Kloster an der Inde". Aniane hatte den Ort aus strategischen Gründen gewählt, denn hier kreuzten sich zwei wichtige Fernstraßen des Mittelalters: die von Köln über Jülich nach Bavai (Nordfrankreich) und die von Aachen nach Trier. Als Grundbesitz erhielt die Abtei das sogenannte „Münsterländchen" – rund 1500 Hektar – mit einigen Gemeinden. Weide-, Land- und Forstwirtschaft, die Nutzung von Eisenvorkommen und die Kalksteinindustrie bildeten die wirtschaftliche Grundlage der als karolingisches Musterkloster gegründeten Abtei. Ludwig der Fromme schenkte 817 dem Kloster drei wertvolle Heiligtümer aus dem Besitz seines Vaters Karl des Großen: das Schürztuch, das Grabtuch und das Leichentuch Christi. Mit diesem Schatz begann der Aufstieg des Klosters als Wallfahrtsstätte. In der Mitte des 9. Jahrhunderts tauschten die Mönche die Hälfte ihres Grabtuches gegen die Schädelreliquie von Papst Kornelius, was zur Einrichtung der Kornelioktav (nach dem 16. September) führte. Die Verehrung dieses Heiligen führte im Verlauf des 12. Jahrhunderts zur Patronats- und Namensänderung des Klosters in „Kornelimünster".

Ende und Neuanfang

Während die Wallfahrt zu den Heiligtümern immer beliebter wurde, konnte die Abtei selbst bedeutungsmäßig nicht Schritt halten. Sie war zwar wohlhabend und konnte die Klosteranlage mehrmals wieder auf- und umbauen und im 18. Jahrhundert im barocken Stil weitgehend erneuern,

Abtei der Heiligen Abt Bernhard von Aniane und Papst Kornelius, Kornelimünster

Die sehr nüchterne Kirche lädt den Besucher ein, sie mit eigenen Gedanken und Vorstellungen „einzuräumen".

aber auf theologischem und künstlerischem Gebiet verlor die Abtei immer weiter an Einfluss.

1802 wurde die Abtei aufgelöst und die Klosterkirche wurde zur Pfarrkirche des Ortes. Die alten Abteigebäude wurden als Fabrik, Lehrerseminar und Heimatmuseum zweckentfremdet. Heute ist das Land Nordrhein-Westfalen Eigentümer der Klosteranlage. In einem Teil ist die Kunstsammlung des Landes untergebracht, in einem anderen das Bundesarchiv.

1902 begannen Benediktiner aus Holland mit dem Aufbau einer neuen Abtei am heutigen Standort.

Breit gefächertes Angebot

Unter dem Motto „Brunnentage der Einkehr" bieten die Benediktiner in Kornelimünster ein breit gefächertes Programm an den meisten Wochenenden des Jahres an. Das Programm ist

Die drei Herrenreliquien (Grabtuch, Schürztuch und Schweißtuch) und die Reliquien der Heiligen Kornelius und Cyprian begründeten den Brauch einer Heiligtumsfahrt zur Pfarrei Kornelimünster, die 1359 zum ersten Mal bezeugt ist. Dann wurden die Reliquien den Gläubigen von der Galerie der Abteikirche gezeigt, und Schwerkranke z. B. durften die Schätze berühren. Die Wallfahrt nach Kornelimünster stand im Verlauf der nächsten Jahrhunderte in engem Zusammenhang mit den Heiligtumsfahrten nach Aachen (Kleid Mariens, Windeln Jesu, Lendentuch Christi, Enthauptungstuch Johannes d. Täufers) und Mönchengladbach (Teile von den Gewändern Mariens, Jesu, Johannes d. Täufers, Reliquien von Vitus, Kornelius, Cyprian, Barbara, Laurentius, Chrysanthus), mit denen sie im siebenjährigen Turnus stattfand und heute wieder stattfindet. Die letzte Fahrt fand 2007 statt.

für Männer und Frauen, für Familien, Gruppen und Einzelpersonen geeignet, die im Kloster Unterkunft finden. Mitarbeit im Kloster und Teilnahme an den Gottesdiensten sind möglich. Die Themen der Seminartage reichen von Bibelthemen und Erörterung von Glaubensfragen über meditatives Tanzen, Erlernen des Choralgesangs bis hin zur Glaubensermutigung, Impulsen zur Gestaltung der Fastenzeit und Schweigetagen. Sehr individuell werden die Einzelexerzitien gestaltet, und es gibt eine intensive geistliche Begleitung bei dem Wunsch „Stille Tage im Kloster" zu verbringen.

Links: Ein Blick in den Kreuzgang

Rechts: Die Rosette aus der Apsis im Detail

Info

Benediktinerabtei Michaelsberg
Bergstraße 26
53721 Siegburg
Tel. 02241/129-0
kontakt@abtei-michaelsberg.de
www.abtei-michaelsberg.de

Angebot

Messe

Gebetszeiten

Tage im Kloster (für Männer)

Kloster auf Zeit (für Männer)

Gästehaus Sankt Maurus

Edith-Stein-Exerzitienhaus des Erzbistums Köln

Buch- und Kunsthandlung

Gastronomie

Hotel garni

Wallfahrt

Am südöstlichen Rand der Kölner Bucht liegt die Stadt Siegburg, die sich im Laufe der Jahrhunderte zu einem wichtigen Verkehrszentrum gemausert hat, seit Jahrzehnten umgeben von Autobahnen und seit Kurzem auch Haltepunkt des ICE Köln–München und Köln–Basel. Die ersten Anfänge der Stadt gehen auf eine Siedlung fränkischer Herkunft im 5. Jahrhundert zurück. Den Mittelpunkt bildet der Siegberg, wie man ihn ursprünglich nannte – offensichtlich ein vom Fluss Sieg abgeleiteter Name. Die Grafen des Aulgaus beherrschten den Siegberg, bevor ein Kloster das obere Plateau krönte.

Bei einer Fehde mit dem damaligen Erzbischof Anno II. von Köln kam der Berg in dessen Hände. Anno war nicht nur geistliches Haupt der Kölner Kirche, sondern auch Kanzler des Reiches unter Kaiser Heinrich III. Anno ließ Mönche von Sankt Maximin aus Trier nach Siegburg kommen. Der genaue Zeitpunkt ist nicht bekannt, aber es muss vor dem Jahre 1064 gewesen sein.

Unter dem ersten Abt Erpho wurde die Kirche erbaut und am 22. September 1066 von Anno selbst geweiht. Seitdem heißt der Berg an der Sieg „Michaelsberg".

Siegburger Klosterreform

Anlässlich einer Reise nach Norditalien lernte Anno in der Abtei Fruttuaria die französische Reformbewegung des Benediktinerordens von Cluny kennen, die sich bereits nach Norditalien ausgebreitet hatte. Von Fruttuaria brachte Anno 1068 oder 1070 mehrere Mönche mit nach Siegburg. Daraus entstand das, was man heute die Siegburger Klosterreform nennt; also eine Reformbewegung im Geiste von Cluny auf deutschem Boden. Noch unter Abt Erpho wurden auf Drängen Annos 1071 Saalfeld in Thüringen und 1072 Grafschaft im Sauerland gegründet.

Der Annoschrein

Anno hatte bei einem Besuch in der Abtei festgelegt, dass er nicht im Dom zu Köln begraben werden wollte, sondern in der Kirche seiner Lieblingsstiftung auf dem Michaelsberg. Anno starb am 4. Dezember 1075. Er wurde in einer festlichen Zeremonie aus Köln verabschiedet. Man trug den Leichnam durch die Stadt, wobei man in verschiedenen Kirchen eine Messe oder Vesper feierte. Schließlich brachte man den Leichnam mit einem Boot über den Rhein zur Abtei Sankt Heribert in Deutz. Von dort wurde er in einer Prozession nach Siegburg überführt. Die Mönche vom Michaelsberg zogen dem geliebten Erzbischof bis auf halbem Weg entgegen. Ein

Chronist berichtet: „Es war eher ein Triumphzug als eine Beerdigung."

Die Verehrung des Erzbischofs wurde in den kommenden Jahren immer intensiver, sodass er am 29. April 1183 durch zwei römische Legaten in der Abteikirche heiliggesprochen wurde. Seine Gebeine ruhen seitdem in dem kostbaren Schrein des Nikolaus von Verdun. Der Schrein wurde leider in der napoleonischen Zeit stark beraubt. Die kostbaren Silbertreibarbeiten, die vergoldet wa-

Oben: Der Annoschrein – eine Arbeit von Nikolaus von Verdun

Links: Der von Klostergebäuden umgebene Garten

ren, sind ausnahmslos verschwunden. Dennoch gehört der Annoschrein auch heute noch zu den bedeutendsten Kunstschätzen des Rheinlands. Das Wertvollste am Annoschrein ist der sogenannte Grubenschmelz, eine Emailart, die Künstler nur vom 12. bis 14. Jahrhundert im Rhein-Maas-Gebiet verwendeten.

Eine Blütezeit des Klosterlebens

Mit großem Elan versuchte der zweite Abt Reginhard die Abtei zu einem bedeutenden Zentrum des Geistes zu machen. Der Abt selbst war eine starke Persönlichkeit und von tiefer Geistigkeit geprägt. Er hat in lateinischer Sprache die „Vita Annonis" – ein von Legenden bestimmtes Lebensbild des Gründerbischofs – geschrieben. Zudem ist er der Verfasser oder doch wenigstens der Auftraggeber des berühmten Annolieds in deutscher Sprache. Es gehört zu den wenigen Epen, die aus dem Mittelalter überliefert sind. Das Annolied ist wohl hundert Jahre älter als das bekanntere Nibelungenlied und stammt noch aus dem 11. Jahrhundert.

Im Grab des Abtes Reginhard fand man 1935 einen kostbaren Silberkelch mit Patene. Im 12. Jahrhundert wurden von Siegburg aus unter dem dritten Abt Kuno Kleinklöster – sogenannte Propsteien – gegründet, die notwendig wurden, weil der Siegburger Konvent auf 120 Mönche angewachsen war. Von Abt Kuno wurde zudem

Benediktiner

1124 eine Frauenabtei auf der Rheininsel bei Honnef ins Leben gerufen. Seit dem 14. Jahrhundert ist die Abtei auf dem Michaelsberg ein Adeligenstift. Das blieb auch so bis zur Aufhebung der Abtei durch Napoleon im Jahr 1803.

Nach dem Dreißigjährigen Krieg wurde die Abtei völlig erneuert. Man hatte offensichtlich keinen Gefallen mehr an den mittelalterlichen Bauten und gestaltete deshalb Kirche und Kloster nach den baulichen Vorstellungen des Barock um.

Preußische Zeit

Wie weite Teile des Rheinlands so fiel auch der Besitz der Abtei den Preußen zu. Zunächst wurde die Abtei bis 1818 als Kaserne genutzt. Dann verlegte man eine Klinik für geisteskranke Menschen – damals Irrenanstalt genannt – in das Gebäude. Es war sogar die erste neurologische Klinik im Rheinland. Von überregionaler Bedeutung wurde sie durch den Leiter der Anstalt, Maximilian Jakobi. Nachdem man die Anstalt nach Düren verlegt hatte, fungierten die Abteigebäude als Zuchthaus. Diese Funktion wurde 1914 nach Rheinbach verlagert.

Der Neuanfang der Mönche

Es waren sehr schwierige Verhandlungen mit dem preußischen Staat, bis endlich die Erlaubnis erwirkt wurde, auf dem Michaelsberg wieder ein Kloster einrichten zu dürfen. Das geschah durch Benediktiner aus Holland, die am 2. Juli 1914 die Abtei auf dem Michaelsberg als ihre neue Heimat in Besitz nahmen. Der Ausbruch des Ersten Weltkriegs sorgte jedoch dafür, dass die Gebäude größtenteils als Lazarett benutzt wurden. Die wirtschaftliche Lage in Deutschland zwischen den beiden Kriegen hatte bedrückende Folgen für die Mönchsgemeinschaft, besonders für die mönchsgemäße Wiedereinrichtung eines so großen Hauses, das Jahrzehnte anderweitig genutzt worden war. Schließlich wurde die Abtei im Zweiten Weltkrieg wiederum Lazarett – und trotzdem am 6. Mai 1941 von den Nationalsozialisten aufgehoben.

Links: Mönche beim Chorgebet

Rechts: Die Klosterkirche

Ende des Zweiten Weltkriegs wurde die Abtei großenteils zerstört. Ein Luftangriff am 28. Dezember 1944 riss weite Teile der Kirche und der Gebäude zu Boden. Nach dem Krieg begannen die Mönche mit dem Wiederaufbau, der die Abtei wieder in ihrem alten Glanz erstehen ließ.

Und heute

Die Mönche kommen – der Regel des Ordensvaters Benedikt entsprechend – täglich zum Chorgebet und zur Eucharistie im Chor der Kirche zusammen. An diesen Feiern können auch Besucher teilnehmen. Das gilt vor allem für die Eucharistie und die Vesper; aber auch schon beim morgendlichen Chorgebet finden sich manche Gäste ein.

Im Nord- und Westflügel des Hauses ist das Edith-Stein-Exerzitienhaus untergebracht, das sich im Besitz des Erzbistums befindet. In den Räumen der Abtei können Gäste übernachten und auch an verschiedenen Veranstaltungen der klösterlichen Gemeinschaft teilnehmen.

Die Mönche haben im Laufe der letzten Jahrzehnte wichtige Werke der Wissenschaft bearbeitet. Nach dem Krieg war ihr Einsatz in den Schulen und in den Gemeinden der Stadt und der Umgebung vielfältig, musste aber mangels Nachwuchs stark eingeschränkt werden. Die geistige Begleitung der Besucher, die in der Abtei eine Zeit der Besinnung, des Gebets oder der Neuorientierung suchen, wird von den Mönchen sehr ernst genommen. Für Gäste stehen eine gut sortierte Buchhandlung und die Abteistuben in Verbindung mit einem Hotel garni zur Verfügung. Ein Gästehaus bietet vor allem Jugendgruppen die Möglichkeit für Besinnungstage. Seit einigen Jahren finden an den Sonntagabenden in der Advents- und Fastenzeit Gottesdienste speziell für Jugendliche statt, und während des Jahres gibt es Konzerte und sogenannte Eventsongs für Freunde moderner Liturgie.

Benediktiner

Benediktinerabtei Maria Laach
Maria Laach
D-56653 Maria Laach
Tel. 026 52/59-0
Fax 026 52/59-359
abtei@maria-laach.de
www.maria-laach.de

Angebot
Gottesdienst und Chorgebet
Exerzitien
Einkehrtage
Informationshalle mit Film
Klosterzeitung
Konzerte
Hof- und Klosterladen
Buchhandlung
Kunstverlag
Naturkundemuseum
Hotel Maria Laach mit Konditorei und Gastronomie
Gärtnerei
Kunstschmiede
Schreinerei
Bildhauerei
Glockengießerei

Das farbenprächtige Mosaik in der Apsis zeigt den Christus Pantokrator, Jesus als Weltenherrscher. Als Vorbild diente das Mosaik des Doms Santa Maria Nuova von Monreale (Italien).

Pfalzgraf Heinrich II. und seine Gemahlin Adelheid stifteten auf dem Gelände einer pfalzgräflichen Burganlage am Laacher See 1093 ein Kloster, das später mit Mönchen aus der Benediktinerabtei Afflighem in Belgien besiedelt wurde. Zügig wurde mit dem Bau des Klosters begonnen, doch nach dem Tod der Stifter kamen um 1100 die Bauarbeiten zum Erliegen. Erst als Pfalzgraf Siegfried von Ballenstedt die Stiftung um 1110 erneuerte, konnte der Bau der Kirche fortgesetzt werden, die noch unvollendet 1156 durch den Trierer Erzbischof geweiht wurde. Vollständig abgeschlossen war der Bau um 1220. Zu Ehren des Stifters wurde Heinrich II. 1270 in einem Hochgrab in seiner Kirche bestattet.

Neben den Kaiserdomen Worms, Mainz und Speyer gehört die Abteikirche von Maria Laach zu den stilistisch formvollendeten Kirchenbauten der Stauferzeit. Die dreischiffige Basilika besitzt zwei Querschiffe und im Westen ein vorgelagertes Atrium: das Paradies mit dem berühmten Löwenbrunnen von 1936. Die beiden Vierungen werden von Türmen gekrönt und die Choranlagen werden jeweils von zwei weiteren Türmen flankiert. Das Innere der Kirche ist eher schlicht, obwohl Mitte des 17. Jahrhunderts dem Barock gemäß umgestaltet. Kunstvoll gearbeitet ist das spätromanische Ziborium (Baldachin) über dem Hauptaltar, das aus dem Jahr 1270 stammt.

Beachtenswert sind auch eine Pietà aus dem 15. Jahrhundert in einer der Seitenkapellen sowie die Malereien aus dem 16. Jahrhundert, die an den Pfeilern zu sehen sind.

Geistiges Zentrum

Mitte des 15. Jahrhunderts schloss sich Maria Laach der Bursfelder Kongregation an, einer päpstlich abgesegneten Reformbewegung, die der benediktinischen Regel wieder größere Beachtung im klösterlichen Alltag geben wollte. Maria Laach nahm mit seiner Bibliothek um 1500 Anteil an der Entwicklung des Humanismus und lieferte Beiträge zur Theologie und Liturgie seiner Zeit. Bekannt sind die Schriften des Priors Johannes Butzbach, die einen aufschlussreichen Einblick in die Lebenswirklichkeit und Gedankenwelt der beginnenden Neuzeit geben. Von 1803 bis 1892 war das Kloster verwaist. Ein jesuitisches Zwischenspiel 1862 bis 1873 war wegen des Kulturkampfes nicht erfolgreich. Im 20. Jahrhundert betätigten sich Mönche vor allem in der Liturgiewissenschaft. Zu

der liturgischen Erneuerung leistete Abt Ildefons Herwegen (1913–1946 Abt) einen wesentlichen Beitrag. Seine 1912 gegründete Reihe „Beiträge zur Geschichte des alten Mönchtums und des Benediktinertums" hat bis heute Bestand.

In Maria Laach beteiligten sich die Mönche in vielfältiger Form an der Erneuerung der Liturgie im Geiste der benediktinischen Spiritualität der Beuroner Kongregation. So wurden die Kunstwerkstätten und der Kunstverlag Ars Liturgica gegründet, und bis 1941 bestand hier eine Benediktinerakademie für liturgische und monastische Studien. Nach Herwegens Tod entschloss sich sein Nachfolger Abt Basilius Ebel, die Arbeit Herwegens in Form eines Forschungsinstituts fortzusetzen: Das „Abt-Herwegen-Institut für liturgische und monastische Forschung" wurde gegründet.

Natürlich erfolgreich

Die Abtei Maria Laach liegt inmitten der urwüchsigen und wildromantischen Naturschönheiten

der Vulkaneifel. Auch der Laacher See ist ein Erbe der vulkanischen Aktivität dieser Bergkette, denn er ist ein ehemaliger Krater. Mit dem Wasserspiegel dieses Sees hatten die Mönche lange Zeit zu kämpfen. Erst mit einer mittelalterlichen technischen Höchstleistung, einem künstlichen Abfluss des Sees nach Süden, dem sogenannten Fulbertstollen, wurde der Wasserspiegel seit dem 12. Jahrhundert künstlich gesenkt. Die Mönche konnten das Seeufer urbar machen und Ackerland bewirtschaften. Heute betreibt ein Pächter rund um ihre Abtei kontrolliert ökologische Landwirtschaft, deren Erzeugnisse im Hofladen verkauft und im klostereigenen 4-Sterne-Hotel „Maria Laach" verwendet werden. Eine Delikatesse sind die frischen Laacher Silberfelchen aus dem See. Das Kloster-Naturkundemuseum Sankt Winfrid beschreibt auf über 1000 Quadratmetern Ausstellungsfläche anschaulich die einheimische Flora und Fauna.

Wer sich dagegen etwas Blühendes mit nach Hause nehmen will, sollte nicht in Wald und

Links: Das Kloster liegt idyllisch am Schwanenweiher, der allerdings zum Klausurbereich gehört und für Besucher nicht zugänglich ist.

Rechts: Die Bibliothek

Wiese Naturgeschütztes pflücken, sondern lieber der Klostergärtnerei einen Besuch abstatten. Der ehemalige Klostergarten hat sich heute zu einem gut sortierten Garten- und Floristikcenter entwickelt, das nicht nur den Blumenschmuck für die Klosterkirche, den Friedhof und den Gasthof zusammenstellt, sondern auch je nach Jahreszeit die verschiedensten Sträucher und Stauden inklusive Keramik anbietet. Ein besonderes Mitbringsel mit symbolischem Charakter ist eine Wüstenpflanze, die sogenannte Rose von Jericho, die im trockenen Zustand überlebt, aber wie tot aussieht, im Wasser jedoch grün wird und zum Leben erwacht.

Gast im Kloster

Wer nicht als Tourist im Klosterhotel nächtigen will, kann sich im Gästehaus Sankt Gilbert des Klosters anmelden. Die Abtei bietet hier Einkehr- und Besinnungstage an. Die Gäste nehmen gemeinsam ihre Mahlzeiten ein und können an den Gottesdiensten teilnehmen. „Tage im Kloster" für Männer führen intensiver in das Klosterleben ein.

Benediktiner

Info

Benediktinerabtei Königsmünster
Klosterberg 11
D-59872 Meschede
Tel. 0291/2995-0
Fax 0291/2995-100
abtei@koenigsmuenster.de
www.koenigsmuenster.de

Angebot

Messe und Gebet
Einkehrtage
Kloster auf Zeit (für Männer)
Einzelexerzitien
Abteigespräche
Konzerte
Ausstellungen
Autorenlesungen
Meditationsabende
Haus der Stille
Haus der Besinnung „Oase"
Eintopftafel
Bibliothek
Karateschule
Gymnasium
Klosterladen

Während in Deutschland Klöster gemeinhin auf eine jahrhundertealte Geschichte zurückblicken können, begann die Geschichte des Klosters Königsmünster in Meschede im Sauerland erst 1923. Zwei Gründe waren ausschlaggebend für die Standortwahl Meschede: In das Mutterkloster St. Ottilien bei München traten um die Jahrhundertwende viele junge Männer aus Westfalen ein, sodass ein Kloster in Meschede auf reichlich Nachwuchs hoffen durfte, und zweitens suchte die Stadt Meschede einen Träger für ihre Rektoratsschule. Beide Argumente versprachen ein lebendiges Klosterleben und einen Aufgabenbereich für die Mönche, die mit ihrer Schule sowohl einen weltlichen Bildungsauftrag erfüllen, als auch den Nachwuchs im

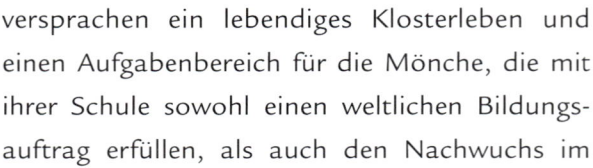

In den Hang hineingebaut befindet sich im linken Block das „Lebehaus" und im rechten das Treppenhaus – verbunden durch wenige Brücken. Hinten rechts die Kirche.

christlichen Sinn erziehen konnten, sodass der eine oder andere vielleicht auch als Novize im Kloster bleiben wollte. Also zogen einige Mönche von Bayern ins Sauerland und begannen mit einem Klosteraufbau, auf dem von der Stadt zur Verfügung gestellten Gelände. Zuerst provisorisch in einigen Wohnhäusern, dann, als das Kloster 1932 ein selbstständiges Priorat wurde, begann auch der Bau der eigentlichen Klostergebäude. 1934 war der Ostflügel fertig und die Mönche zogen auf den Klosterberg. In diesem Jahr übernahmen die Brüder auch die Leitung und Lehrtätigkeit an der Schule.

Ende und Neubeginn

Mit dem Beginn der nationalsozialistischen Herrschaft endete auch in Meschede der Klosterbetrieb: 1940 mussten die Mönche die Schule an die Stadt übergeben, und 1941 wurde das Kloster aufgelöst. In ihm wurden ein Lazarett und ein Tuberkulosekrankenhaus (bis 1954 bestehend) eingerichtet. Im Jahr 1946 kamen die Mönche wieder nach Meschede zurück und

Die Kapelle im „Haus der Stille" ist ein fensterloser Raum, der von oben mit Tageslicht versorgt wird.

begannen mit dem Wiederaufbau der zerstörten Klosteranlage. Auch den Schulbetrieb übernahmen sie wieder, der nun zusätzlich die Oberstufe umfasste. Mit der Erhebung zur Abtei 1956 wurde Königsmünster ganz selbstständig.

Es erfolgte eine ausgiebige Bautätigkeit: 1957 bis 1960 wurden neue Schulgebäude errichtet, und 1961 wurde der Grundstein zu einer eigenen Abteikirche, nach den Plänen des Kölner Architekten Hans Schilling, gelegt, die 1962 geweiht werden konnte.

Neue Aufgabenfelder

Neben Schule und Mission erschlossen sich die Benediktiner ein neues Aufgabenfeld: die Jugendarbeit. 1981 richteten sie ihr erstes Gästehaus in einer ehemaligen Wohnvilla auf ihrem Gelände ein: die „Oase". In ihr wird Kindern, Jugendlichen und Familien ein umfassendes Kursprogramm angeboten, das von Tagen der Achtsamkeit über

Die Missionsbenediktiner

Andreas Amrhein, Mönch im Kloster Beuron, wollte das Leben nach der benediktinischen Regel mit dem Missionsgedanken der frühen Benediktiner verbinden. Seine Vorbilder waren u. a. Bonifatius und Ansgar, doch in Beuron konnte er diesen Wunsch nicht verwirklichen, und so gründete er in Sankt Ottilien 1884 ein selbstständiges Missionshaus. Schon bald folgten die ersten Klöster in Afrika (Tansania 1888) und Asien (Seoul 1908). Zur Ausbildung von Missionaren wurden zu Beginn des 20. Jahrhunderts in Deutschland weitere Klöster gegründet (Schweiklberg 1904, Münsterschwarzach 1914 und Meschede 1923). Im Verlauf des letzten Jahrhunderts kamen weitere Klöster auch in der Schweiz, in Österreich und Spanien hinzu, sodass von diesen Abteien weitere Klostergründungen in Tansania, Südafrika, Uganda, Kenia, Sambia, Togo, Südkorea, auf den Philippinen, in Indien, Kolumbien, Venezuela und den USA erfolgen konnten. Diese Klöster sind in einer Kongregation zusammengeschlossen, die nach ihrem Mutterkloster Sankt Ottilien benannt ist, das seinerseits zur Erzabtei erhoben worden ist. Einige Benediktiner aus Meschede befinden sich zurzeit in Korea.

Märchenwochenenden und Wanderwochen bis hin zu Bibelverständniskursen reicht. In der „Oase" befindet sich auch die Oberstufenakademie für ältere Jugendliche, die dort zusätzliche, hilfreiche – praxisorientierte bis spirituelle – Bil-

In den hochwertig minimalisitsch eingerichteten Gastzimmern wird der Blick über die hauseigene Apfelwiese in die sauerländischen Hügel gelenkt.

dungsangebote wahrnehmen können: Projektmanagement, die richtige Form einer Bewerbung, Visionstraining, Kommunikation, aber auch ein Projekt „Weltethos" werden dort angeboten.

2001 wurde das nächste wegweisende Projekt vollendet. Das „Haus der Stille" – vom Architekten Peter Kulka entworfen – wurde eingeweiht, womit das Angebot im Gästebereich der Abtei abgeschlossen war. Der moderne kubische Bau aus Sichtbeton und Glas spielt mit Licht und Schatten, mit der Reduktion auf reine Form, die Raum für das Schweigen und die Stille lässt, ohne die Außenwelt, die durch die Glasfenster sichtbar ist, auszuschließen.

Die Kapelle des „Hauses der Stille" besticht durch ihre reine Formensprache; es ist ein rechteckiger Raum, der sich in die Höhe öffnet und nur von dort oben Licht erhält. Ihr einziger

Der Kreuzgang – neu interpretiert, ohne Säulenreihen

Schmuck ist ein monumentales Kreuz an der Wand. Im „Haus der Stille" wird Erwachsenen ein reichhaltiges Kursprogramm angeboten: Meditation, Trauerseminare, Tai Chi und Qi Gong, Fasten und Schweigen sowie verschiedene Formen von Exerzitien.

Weitere Angebote

Die Brüder in Meschede betreiben verschiedene Werkstätten wie Schmiede, Töpferei, Tischlerei, Gärtnerei, Bäckerei, Fleischerei, Schneiderei, Mosterei (die Äpfel der umstehenden Obstbäume werden frisch entsaftet), deren Arbeiten und Produkte einerseits den Eigenbedarf des Klosters decken sollen, aber natürlich auch im Klosterladen käuflich zu erwerben sind. In der Klosterküche hergestellte Eintöpfe sind an den Eintopftagen des Klosters beim gemeinsamen Essen zu probieren oder im Laden zu kaufen.

Offene Angebote sind die Abteigespräche, Konzerte, Ausstellungen, Autorenlesungen oder Meditationsabende, die regelmäßig stattfinden.

Benediktiner

Die Abtei thront wie ein romanisches Bauwerk über dem Tal, wurde aber erst in den Jahren 1900 bis 1904 erbaut.

Benediktinerinnenabtei Sankt Hildegard
Klosterweg
D-65385 Rüdesheim am Rhein
Tel. 067 22/499-0
Fax 067 22/499-178
benediktinerinnen@abtei-st-hildegard.de
www.abtei-st-hildegard.de

Angebot

Gottesdienst
Chorgebet
Exerzitien
Einkehrtage
Vorträge
Konzerte
Gastzimmer
Weingut
Klosterladen
Goldschmiede
Keramikwerkstatt

Die Abtei Sankt Hildegard bei Rüdesheim wirkt wie ein altehrwürdiges romanisches Kloster. Die Wahl des romanischen Stils und die traditionelle Architektur zeigen die innere und äußere Verbundenheit des erst zu Beginn des 20. Jahrhunderts erbauten Klosters mit der ursprünglichen Klostergründung durch Hildegard von Bingen in Eibingen.

Als Hildegards erste Klostergründung Rupertsberg die vielen jungen beitrittswilligen Frauen nicht mehr aufnehmen konnte, erwarb sie 1165 auf der gegenüberliegenden Rheinseite das ehemalige Augustinerkloster Eibingen, das sie bis zu ihrem Tod auch als Äbtissin leitete. Im Dreißigjährigen Krieg wurde Rupertsberg so zerstört, dass die Schwestern in Eibingen Zuflucht suchten und dort auch blieben. 1803 wurde das Nonnenkloster in Eibingen aufgelöst, die Klosterkirche mit den wertvollen Hildegard-Reliquien wurde Pfarrkirche, und aller Grundbesitz ging verloren. Das Land fiel jedoch an die Fürstenfamilie Löwenstein-Wertheim-Rosenberg, die einer Wiederbelebung des Klosters aufgeschlossen gegenüberstand, als dieser Wunsch durch einige Kleriker, die die Hildegard-Verehrung in Eibingen aufrechterhielten, Mitte des 19. Jahrhunderts an sie herangetragen wurde. Es sollte jedoch noch bis Anfang des 20. Jahrhunderts dauern, bis diese Pläne umgesetzt werden konnten. Im Juli 1900 fand die Grundsteinlegung des neuen Klosters auf einer Anhöhe über dem Dorf Eibingen statt. Vier Jahre später war der monumentale Bau fertiggestellt, und es zogen zwölf Benediktinerinnen aus der Abtei Sankt Gabriel in Prag, einem Kloster der Beuroner Kongregation, nach Eibingen. Papst Leo XIII. stattete das neue Kloster mit den Rechten und Privilegien des ehemaligen Klosters

Eibingen und Rupertsberg aus und erhob es 1908 zur Abtei, die unmittelbar Rom unterstellt war. Im Zweiten Weltkrieg erfolgte die zweite Auflösung des Klosters, doch nach Kriegsende kamen die Schwestern wieder zurück. Und es begann nicht nur der äußere Aufbau, sondern auch der innere Aufbau der Abtei. Als zwei wichtige Zäsuren gelten 1967 die Zusammenlegung der bisherigen Konvente der Chorfrauen und Laienschwestern sowie 1988 die Wiederansiedelung von zehn Schwestern aus Eibingen im ehemaligen Kloster in Marienrode.

Ein Ort der Stille

Auch wenn der Alltag der Nonnen heute von vielerlei Aktivitäten geprägt ist, ist das Kloster immer noch ein Ort der Stille, der Besinnung und des Rückzugs aus der weltlichen Betriebsamkeit. Wer diese Stille sucht, ist für einige Tage ein gern gesehener Gast im Gästetrakt des Klosters. (Wegen der starken Nachfrage ist eine langfristige Voranmeldung notwendig.) Für Besucher, die sich eher an der schönen Gegend des Rheingaus

und seiner Kulturdenkmäler erfreuen wollen, bietet die Abtei jedoch vielfältige Möglichkeiten. Die Klosterkirche steht offen für Besichtigungen; die Teilnahme an den Gottesdiensten und Gebetszeiten ist möglich. Eine besondere Möglichkeit der spirituellen Hinwendung zu Gott ist die wöchentlich stattfindende Hildegard-Meditation in der Pfarrkirche Eibingen.

Der Freundeskreis der Abtei Sankt Hildegard organisiert Vorträge zu christlich-theologischen und gesellschaftspolitischen Themen sowie Konzerte. Im Klosterladen findet sich eine gut sortierte Buchauswahl, Weine vom eigenen Weingut, Dinkelprodukte und Schmuck sowie Keramik aus den hauseigenen Werkstätten.

Das schlichte Kirchenschiff lenkt den Blick auf das monumentale Apsisgemälde der Beuroner Kunstschule: Christus als Pantokrator.

Hildegard von Bingen

Hildegard von Bingen (um 1098–1179), eine Benediktinerin, war eine der ersten deutschen Mystikerinnen mit einer außerordentlichen Wirkung auf ihre Zeitgenossen. Sie gründete ein Kloster – für eine Frau keineswegs üblich –, unternahm weite Seelsorgereisen, predigte öffentlich und schrieb ihr Verständnis von den Zusammenhängen zwischen Gott, Mensch und Welt auf. Diese Weltschau wurde ihr in Visionen offenbart und – da sie der lateinischen Grammatik unkundig war – von einem persönlichen Schreiber aufgezeichnet. Sie korrespondierte mit berühmten Persönlichkeiten ihrer Zeit, etwa mit Bernhard von Clairvaux, und fungierte als Beraterin von Kaiser Barbarossa in Ingelheim. Vor allem ihre theologischen Werke (Liber Scivias, Liber vitae meritorum, Liber divinorum operum) begründeten ihren Ruf als „deutsche Prophetin". Eine interessante Facette ihres Schaffens sind die biologischen Abhandlungen über die Tier- und Pflanzenwelt und die naturheilkundlichen Werke, in denen sie das Wissen ihrer Zeit zusammenfasste und eigene Ansichten über die Entstehung von Krankheiten und deren Heilung entwickelte.

Schon zu Lebzeiten wurde sie wie eine Heilige verehrt, doch die offiziellen Anträge hierfür scheiterten mehrmals. Schließlich taucht ihr Name 1584 im schriftlichen Kanon der Heiligen auf.

Als berühmte Persönlichkeit bekam Hildegard eine große Anzahl von Reliquien für ihre Klöster Rupertsberg und Eibingen geschenkt, den Eibinger Reliquienschatz, der heute in der Pfarrkirche aufbewahrt wird. Am Hildegardisfest, dem 17. September, ihrem Todestag, werden die Reliquien gezeigt und in einer Prozession durch Eibingen getragen.

Benediktinerabtei Ettal
Kaiser-Ludwig-Platz 1
D-82488 Ettal
Tel. 088 22/74-0
Fax 088 22/74-228
abtei@kloster-ettal.de
www.kloster-ettal.de

Angebot
Gottesdienst und Gebet
Klosterführung (Anmeldung)
Kloster auf Zeit (für Männer)
Hotel und Gastronomie
Gymnasium
Internat
Klosterbrauerei
Destillerie
Klosterladen
Buch- und Kunstverlag
Byzantinisches Institut

Als sich Kaiser Ludwig IV., Herzog von Bayern, auf dem Rückweg von Pisa nach Bayern befand, machte er Rast in der Nähe von Partenkirchen und gründete hier 1330 ein Benediktinerkloster, das den Namen Ettal (mittelhochdeutsch: ê-tal = angeloben) erhielt. Was genau gelobt oder angelobt wurde, ist bis heute in der Ettaler Geschichte nicht genau geklärt. Dies war natürlich Anlass für eine entsprechende Gründungslegende: Als der Kaiser auf dem Rückweg nach Bayern in eine Notlage geriet, erschien ihm ein Mönch, der göttliche Hilfe versprach, wenn der Kaiser im „Ampferang" ein Kloster errichten würde. Die genaue Stelle würde ihm Gott schon weisen. Als erstes Inventar für das neue Kloster gab der Mönch Ludwig eine Marienstatue aus weißem Marmor mit. In Partenkirchen angekommen, fragte Ludwig einen Jäger nach dem Ort Ampferang. Der Jäger ritt mit Ludwig in ein dichtes Waldgebiet und an einer bestimmten Stelle sank Ludwigs Pferd dreimal in die Knie. Ludwig sah das als Zeichen an und gründete an diesem Ort das Kloster.

Mönche und Ritter

Das Besondere an dieser Gründung war aber nicht das Kloster, sondern das mitbegründete Ritterstift, denn Ettal sollte nicht nur Benediktiner beherbergen, sondern auch zwölf Ritter mit einem Meister und die entsprechenden zwölf Ritterfrauen (plus sechs mögliche Witwen) mit einer Meisterin – also drei Konvente. Durch das Tal der Ammergauer Alpen führte nämlich eine wichtige Handelsstraße, die Augsburg mit

Seit der Gründung wird in Ettal das gestiftete Gnadenbild der Madonna verehrt.

Verona verband. Die Ritter sollten den Schutz der Handelsstraße gewährleisten. Diese beiden zusätzlichen Konvente hatten aber keinen Bestand über den Tod Ludwigs hinaus.

Die Ettaler Madonna

Das von Ludwig gestiftete Madonnenbild zog bald die ersten Pilger nach Ettal. Das Gnadenbild fand seinen Platz in einer Nische des Hochaltars der 1370 geweihten Klosterkirche. Bis ins späte 15. Jahrhundert konnte sich Ettal zwar wirtschaftlich etablieren, stand aber in keinem besonderen Ruf. Das änderte sich erst, als sich eine verstärkte Wallfahrtsbewegung zu „unserer Frau Stifterin" bemerkbar machte, deren Kunde bis nach München an den Hof Maximilians I. und seiner Gattin Anna Maria drang. Diese machten daraufhin Ettal mit zu ihren bevorzugten Wallfahrtsorten, und Ettal wurde über die Region hinaus bekannt. Es folgten zu Beginn des 17. Jahrhunderts die Gründung des Klostergasthofs und der Brauerei.

Vorbildliches Schulsystem

„Berühmt" wurde Ettal unter Abt Placidus II. Seiz, der 1709 die Klosteranlage in ihre heutige Form umgestaltete und den Grundstein für ein vorzügliches Schulsystem legte. 1711 gründete er die Ritterakademie, die nicht nur adlige Jungen aufnahm, sondern begabte Schüler aus nah und fern – natürlich immer in der Hoffnung, für eigenen Klosternachwuchs zu sorgen. Seiz' Lehrplan unterschied sich auf fortschrittliche Weise von den bisherigen Schulen. Neu waren Sprachen wie Italienisch und Französisch, Geografie und Geschichte. Als die Jesuiten ihre Schullehrpläne 1728 entwickelten, griffen sie teilweise auf das Ettaler Schulsystem zurück. Durch mehrere Schicksalsschläge (Erbfolgekrieg, Brand) Mitte des 18. Jahrhunderts musste die Akademie geschlossen werden, die Mönche konnten jedoch durch Spenden den Wiederaufbau des Klosters finanzieren. Bei der Säkularisation wurde mit Ettal ein Kloster aufgelöst, das nach Tegernsee

Das Benediktinergymnasium hat sowohl einen humanistischen als auch einen neusprachlichen Zweig.

und Niederaltaich der drittgrößte Grund- und Immobilienbesitzer in Bayern war und somit über ein Vermögen von ungefähr 1,5 Millionen Gulden verfügte.

Neubelebung

1900 wurde Ettal von der Benediktinerabtei Scheyern, die Grund und Boden erworben hatte, wieder neu gegründet. Die staatliche Genehmigung war mit der Wiederaufnahme eines Schulbetriebs verbunden – die Schule wurde 1905 gegründet. Ab 1907 war Ettal wieder selbstständige Abtei. Die Wiederbelebung wurde zwar durch die Weltkriege unterbrochen, aber nicht zum Erliegen gebracht. 1946 wurden der Schulbetrieb wieder aufgenommen und die letzten Spuren der Zerstörungen seit der Säkularisation beseitigt.

Heute ist Ettal eines der beliebtesten Ausflugsziele in Niederbayern. Zum Kloster gehört seit 1920 das Hotel „Ludwig der Bayer", ein modernes 3-Sterne-Haus mit Zimmern, Ferienwohnungen und einem Wellness-Bereich, in dem Touristen, die Kloster und Umgebung kennenlernen wollen, willkommen sind. Mit den eigenen Wirtschaftsbetrieben, wie Bäckerei, Gärtnerei, Land- und Forstwirtschaft, Schneiderei, Schreinerei, Schlosserei, Wäscherei und Elektrizitätswerk, ist nicht nur die Eigenversorgung des Klosters gesichert, sondern es ist auch einer der größten Arbeitgeber der Umgebung.

Zugänglich für Besucher ist die Klosteranlage; Führungen (Basilika, Brauereimuseum, Destillerie) finden aber nur nach Anmeldung und in Gruppen statt. Im Klosterladen können die Produkte erworben werden, wie das Bier, der Klosterlikör, eine eigene Duft- und Pflegeserie sowie Tinkturen aus Arnika und Latschenkiefer.

Wer als Mann nicht nur an der Messe und am Gebet der Mönche teilnehmen will, kann ein „Kloster auf Zeit" mit den Benediktinern leben.

Benediktinerkloster Andechs
Bergstraße 2
D-82346 Andechs
Tel. 08152/376-0
Fax 08152/376-143
info@andechs.de
www.andechs.de

Angebot
Wallfahrt
Gottesdienst
Seelsorge
Exerzitien
Seminare und Tagungen
Kulturzentrum
Klosterladen
Kräutergarten
Gastronomie
Bierbrauerei
Metzgerei
Käserei
Spirituosen
Kräuterarzneien

Graf Rasso von Andechs begründete eine Familientradition, indem er drei Herrenreliquien aus dem Heiligen Land mitbrachte: Partikel vom Kreuz, an dem Christus gestorben war, einige Dornen aus seiner Krone und ein Schweißtuch. Diese wurden in der Hauskapelle auf der Stammburg in Andechs aufbewahrt und verehrt. 1128 ist das erste Mal eine Wallfahrt zur Andechser Hauskapelle, der Nikolauskapelle, von Chronisten verzeichnet. Doch es sollte noch ein weiterer wertvoller Reliquienschatz folgen. 1182 erhielt Berthold IV., inzwischen auch Herzog von Meranien, von seinem Bruder, Bischof Otto II. von Bamberg, eine Monstranz mit drei wundertätigen Hostien. Zwei Hostien gehen auf eine Begebenheit Ende des 6./Anfang des 7. Jahrhunderts zurück, als sie sich während einer Messe in der Hand von Papst Gregor I. (590–604), genannt der Große, in Fleisch verwandelt haben sollen. Die dritte Hostie stammt von Papst Leo IX. (1049–1054), die sich in seiner Hand rot gefärbt und als wundertätig erwiesen haben soll. In Bergkristall gefasst werden die Hostien in einer mehr als einen Meter hohen Monstranz aufbewahrt, der Dreihostienmonstranz.

Verschollen und wundersam wiedergefunden

Nachdem der letzte männliche Andechser, Otto II., 1248 verstorben war, fiel das Erbe des Geschlechts an die Wittelsbacher, und die Burg wurde in kriegerischen Auseinandersetzungen geschleift. Der Reliquienschatz schien verloren, doch 1388 folgte ein Priester einer Maus in die alte Burg zum Altar der Nikolauskapelle und fand dort beim Graben den Reliquienschatz, der in der Folge nach München verbracht wurde. 1389 wurden die Heiligtümer öffentlich gezeigt, und der Andrang war sehr groß, weil diese Wallfahrt die erste außerhalb Italiens war, die einen Ablass nach sich zog und damit eine Wallfahrt nach Rom ersetzte.

Klosteranfänge

1394 kehrten die „Drei Hostien" auf den Andechser Berg zurück. Benediktiner kümmerten sich um die Heiligtümer und betreuten die Wallfahrt. Für die kleine Gemeinschaft in der Burg wurde erstmals die Bezeichnung Monasterium (Kloster) in einer Chronik gewählt. 1416 wurde Andechs dem Dießener Chorherrenstift – von Herzog Ernst I. gegründet – unterstellt. Einige Jahre später ließ Herzog Ernst auf dem Andechser Berg eine größere Wallfahrtskirche

Die Reliquienkapelle

(1420–1458) errichten, wodurch der Ort einen enormen Zustrom an Wallfahrern erlebte. Bis 1425 erhielt Andechs Stück für Stück Teile des alten Reliquienschatzes zurück. Von den laut Inventar ehemals 200 Stücken besitzt das Kloster heute noch rund 45, die in einer Kapelle oberhalb der Empore aufbewahrt werden, u. a. das Brustkreuz und das Brautkleid der heiligen Elisabeth von Thüringen (1207–1231), das Siegeskreuz von Karl dem Großen, eine Kopfreliquie der heiligen Hedwig von Schlesien (1174–1243), Tochter von Berthold IV., und die „Goldene Rose", die Papst Felix (1440–1449) Herzog Albrecht III. verliehen hatte. Kurz vor seinem Tod gründete Ernst I. in Andechs ein weiteres Chorherrenstift, das sein Nachfolger Albrecht III. 1455 in ein Benediktinerkloster umwandelte und von Mönchen aus Tegernsee besiedeln ließ. In den folgenden Jahren wurde die Klosteranlage zügig ausgebaut. Die Wallfahrtskirche war nun auch gleichzeitig Klosterkirche. Drei Jahre später erhielt Andechs seinen ersten eigenen Abt und wurde damit unabhängig von Tegernsee.

Auflösung und Neubeginn

1803 aufgelöst, wurde Andechs bis auf wenige Gebäude, wie die Kirche und die Klosterapotheke, versteigert. König Ludwig I. von Bayern kaufte 1846 die Klosteranlage und ließ die Wallfahrt und die Kirche von Mettener Benediktinern betreuen. Vier Jahre später verschenkte er Andechs als Wirtschaftsgut an seine 1835 gegründete Abtei Sankt Bonifaz in München, die 1851 sowohl die Wallfahrt als auch die Seelsorge in Andechs übernahm.

Markenname Andechs

Als Wirtschaftsgut ist Andechs so erfolgreich, dass es schon seit Langem keine weiteren Gelder, z. B. aus der Kirchensteuer, erhält und benötigt. Die Produkte aus dem Andechser Kloster genießen weit über die Region hinaus einen hervorragenden Ruf und werden vermehrt in den letzten Jahren durch ausgewählte Handelspartner weltweit vertrieben. Benediktinisches Leben und erfolgreiches Wirtschaften schließen sich also keineswegs aus, sondern befruchten einander

und ermöglichen zukunftsorientiertes Handeln. Der Grundsatz „ora et labora" zeigt sich hier sehr erfolgreich. Die Gewerke der Mönche sind sehr vielfältig: Von den Kernaufgaben des Ordens – Seelsorge, Wallfahrtsbetreuung und Gestaltung des Tagesablaufs nach der benediktinischen Regel – einmal ganz abgesehen, reichen sie von traditionellen, handwerklichen Arbeiten wie Bierbrauen und Käseherstellung über Tätigkeiten in der Landwirtschaft, im Bäcker- und Metzgerhandwerk bis hin zu modernem Veranstaltungsmanagement für Kulturveranstaltungen, Tagungen und Seminare.

Gutes für Leib und Seele

Die benediktinische Gastfreundschaft bietet den Besuchern viele Möglichkeiten, einen Tag im Kloster zu gestalten. Man kann es sich im Bräustüberl mit seinen Terrassen, die einen großartigen Blick über das Tal gewähren, oder im Klostergasthof gut gehen lassen. Natürlich werden hier Getreide, Obst und Gemüse aus der eigenen biologischen Landwirtschaft weiterverar-

beitet und hochwertige Produkte aus eigener Herstellung angeboten, so etwa das berühmte Bier, das seit 1455 hier gebraut wird, oder Kräuterliköre und Obstschnäpse sowie Grill- und Wurstspezialitäten aus der eigenen Metzgerei.

Geistige Erbauung bietet sich dem Besucher bei den Gottesdiensten und zu den Gebetszeiten, die in der Klosterkirche stattfinden. Man kann sich auch an einer der vielen Wallfahrten, besonders vor Christi Himmelfahrt oder am 4. Sonntag nach Pfingsten (Dreihostienfest), beteiligen. Bei den Kirchenführungen werden nicht nur die Reliquien gezeigt; sehenswert ist auch die Wachskapelle, in der Hunderte von Votivkerzen aufbewahrt werden, die von Besuchern, Gemeinden und vielen historischen Persönlichkeiten bei einer Wallfahrt gespendet wurden.

In mehreren Räumlichkeiten des Klosters, im Fürstentrakt, im „Florianstadl" und im „Alten Pferdestall" finden Konzerte, Lesungen, Tagungen, Seminare und Vorträge statt. Berühmt ist

Kloster Andechs

In den Jahren 1751 bis 1755 wurden die Klosterkirche und Teile der Klosterinnenräume von Johann Baptist Zimmermann und weiteren Künstlern der Wessobrunner Schule im Stil des Barock und Rokoko umgestaltet. Bemerkenswert ist vor allem der zweigeschossige Hochaltar, der noch aus der alten Wallfahrtskirche stammt und von Zimmermann mit Rokokoelementen versehen wurde. Unten thront Maria als Himmelskönigin mit dem Jesuskind auf dem Schoß (entstanden um 1500), das in der einen Hand einen Rebzweig hält und mit der anderen Hand dem Betrachter eine einzelne Traube, als Symbol für das Blut Christi und Zeichen der Eucharistie, darreicht. Oben steht die Maria Immaculata (Die Unbefleckte), die Johannes Dengler im Jahr 1608 schuf.

besonders das Carl-Orff-Festival. Für eigene Veranstaltungen stellt das Kloster seine Räumlichkeiten zur Verfügung und organisiert ein individuelles Rahmenprogramm.

Ein besonders zu erwähnendes geistliches Angebot sind die „Andechser Exerzitien für Manager", an denen nur Männer teilnehmen dürfen, da diese in die Klausur des Klosters aufgenommen werden und den Tagesablauf der Mönche mit(er)leben.

Benediktiner

Benediktinerabtei Sankt Alexander und Theodor
Sebastian-Kneipp-Straße 1
D-87724 Ottobeuren
Tel. 08332/798-0
Fax 08332/798-125
bildungshaus@abtei-ottobeuren.de
www.abtei-ottobeuren.de

Angebot
Kloster auf Zeit (für junge Männer)
Einzelexerzitien
Oblatentage
Bildungshaus mit umfangreichem Seminarangebot
Ottobeurer Studienwoche
Ottobeurer Konzerte
Klostermuseum
Klostercafé
Klosterladen
Wallfahrt zur „Liebsten Frau von Eldern"

Ottobeuren ist eines der ältesten Klöster Deutschlands und eines der wenigen, das seit seiner Gründung trotz der Säkularisation ununterbrochen von Benediktinermönchen bewohnt ist. Gegründet wurde es 764 durch das fränkische Grafengeschlecht von Silach, und besiedelt wurde es von Mönchen aus Sankt Gallen und der Reichenau. Karl der Große stattete Ottobeuren mit weitläufigen Ländereien aus, und von Otto I. dem Großen erhielt es viele weitere Privilegien und die Reichsunmittelbarkeit, mit der Ottobeuren politisch und wirtschaftlich unabhängig wurde. Ihre erste Blüte in theologischer, künstlerischer und kultureller Hinsicht erlebte die Abtei mit Einführung der Hirsauer Reform unter Abt Rupert I. zu Beginn des 12. Jahrhunderts. Berühmt war Ottobeuren damals für seine Buchmalereien. Anfang des 16. Jahrhunderts wurde die Abtei ein Zentrum des süddeutschen Humanismus und verbreitete durch ihre eigene Druckerei die Schriften von Johann Reuchlin, Johann Eck und Erasmus von Rotterdam. An der Gründung der Benediktiner-universität in Salzburg 1617/1622 wirkten die Ottobeurer Mönche entscheidend mit und stellten den ersten Rektor und im Laufe der Zeit viele weitere Professoren nicht nur in Salzburg, sondern auch in Freising und Fulda.

Obwohl das Kloster 1802 aufgelöst wurde und sein Besitz an den bayerischen Staat fiel, weigerten sich die Mönche standhaft, ihr Kloster zu ver-

Dieser Engel von Johann Josef Christian ziert den Altarbereich der Kirche.

lassen. Unter Ludwig I. von Bayern wurde Ottobeuren 1834 als Priorat der Augsburger Abtei Sankt Stephan wiederbelebt. 1918 wurde das Kloster wieder eigenständige Abtei.

Barock in Vollendung
Abt Rupert Neß veranlasste während seiner Amtszeit (1710–1740) die Neugestaltung der

Klosteranlage. Ihm sind der barocke Umbau der Klosterkirche und die Gestaltung des Gesamtbauwerks mit seinen vier Höfen zu verdanken. Unter seinem Nachfolger wurde die Anlage dann fertiggestellt, die als eines der schönsten Barock-Ensembles Europas gilt und gern als „Schwäbischer Escorial" tituliert wird.

Herzstück des Klosters ist die Klosterkirche (1737–1766), seit 1926 Basilica minor, geplant und erbaut von Johann Michael Fischer und von vielen namhaften Künstlern der Zeit ausgestattet. Die Stuckarbeiten stammen von Johann Michael Feuchtmayr und die Fresken und Wandmalereien von den Vettern Johann Jakob Zeiller und Franz Anton Zeiller.

Berühmt sind auch die Orgeln von Karl Josef Riepp, die während der Gottesdienste sowie bei den Ottobeurer Konzerten zu hören sind.

Die Deckenmalerei in der Klosterbibliothek stammt von Elias Zobel.

Benediktiner

Teilweise sind weitere Teile der Klostergebäude im Rahmen einer Führung durch das Klostermuseum zugänglich. Besonders sehenswert sind der repräsentative Kaisersaal, der Theatersaal und natürlich die Klosterbibliothek. Die Kunstschätze des Klosters, u. a. die vergoldeten Statuen der Habsburger Herrscher von Rudolf I. bis Karl VI., sind ebenfalls im Museum ausgestellt.

Zu Gast im Kloster

Im Bildungshaus des Klosters können Einzelpersonen, Ehepaare oder Gruppen einkehren. Junge Männer, die sich prüfen wollen, ob ein Leben als Mönch für sie in Frage kommt, können an einem „Kloster auf Zeit"-Aufenthalt teilnehmen. Menschen, die sich in ihrem Alltag nach den benediktinischen Regeln richten wollen, können sich als Oblaten dem Kloster anschließen, und wer einige Tage zur inneren Einkehr nutzen möchte, kann Stille und Besinnung im Kloster finden und an den Gebeten der Mönche teilnehmen. An bestimmten Festtagen sind Gäste ebenfalls gern gesehen, so z. B. an den Osterfeiertagen.

Die Ostfassade der Klosterkirche. Die Kirche bildet das Zentrum des Klosterschlosses, das wegen seiner Größe und Pracht auch „Schwäbischer Escorial" genannt wird.

Anspruchsvoller sind die Studientage für theologisch interessierte Laien, die einmal jährlich stattfinden. Überregional bekannt sind auch die Sommerkonzerte, an denen schon weltbekannte Dirigenten und Solisten mitwirkten.

Außerdem gibt es handwerkliche oder künstlerische Angebote wie Hinterglas- oder Ikonenmalerei oder Holzfigurenherstellung. Wer sich für die Epoche des Barock interessiert, findet in der „Barockwoche" die ideale Veranstaltung, die sich intensiv mit der Ottobeurer Anlage und weiteren Klöstern der Umgebung beschäftigt.

Auf der Homepage des Klosters werden weitere Angebote aufgeführt, die in den Tagungs- und Veranstaltungsräumen des Klosters stattfinden, die aber nicht von der Abtei selber organisiert werden. Dazu zählen Meditationskurse, Stressbewältigung, Fasten und Wandern. Zum Wandern ist die Umgebung der Heimatstadt von Sebastian Kneipp übrigens bestens geeignet, und die Möglichkeit von Kuranwendungen ist im Ort gegeben.

Der Veranstalter skr bietet diverse Klosterurlaubsprogramme an, nicht nur in Ottobeuren.

Info

Benediktinerabtei Sankt Martinus
Kirchplatz 3
D-88250 Weingarten
Tel. 07 51/5096-0
Fax 07 51/5096-201
info@kloster-weingarten.de
www.kloster-weingarten.de

Angebot

Heilige Messe (täglich)
Abendandacht (täglich)
Gottesdienste in der byzantinischen Kapelle
Orgelkonzerte
Ikonenmalkurs
Kar- und Ostertag (für junge Männer)
Klosterfestspiele im Hof der Abtei
Tagungshaus mit umfangreichem Programm
Buchhandlung
Klosterladen

940 gründete Heinrich von Altdorf, ein Graf des Welfengeschlechts, in seinem Heimatort Altdorf ein Frauenkloster, dessen Gebäude jedoch um 1053 abbrannte. Um die Nonnen auch künftig unterbringen zu können, verlegte Herzog Welf III. das Kloster auf den Martinsberg, auf dem die Pfarrkirche Sankt Martin und Oswald stand. Der Kirchenpatron wurde somit auch zum Schutzpatron des Frauenklosters, das wegen der umliegenden Weinberge den Namen Weingarten erhielt. (Der Ort Altdorf wurde erst im 19. Jahrhundert in Weingarten umbenannt, bis dahin trug nur das Kloster den Namen.) Unter Welf IV. wurden jedoch schon 1056 Benediktinermönche aus Altomünster, einem anderen welfischen Kloster, in Weingarten angesiedelt. Im Gegenzug wurden die Nonnen nach Altomünster versetzt, die Orden tauschten also den Standort. Das Kloster wurde zur Grablege und zum Hauskloster der Welfen bestimmt. Im folgenden Jahrhundert wurde die Anlage baulich neu gestaltet.

Das Stammkloster der Welfen thront erhaben auf dem Martinsberg über Weingarten.

Das Kloster war Großgrundbesitzer mit den entsprechenden Einkünften. Seine Ländereien umfassten rund 300 Quadratkilometer vom Bodensee bis zum Allgäu, und es war somit eines der reichsten Klöster Süddeutschlands. Diese gute finanzielle Ausstattung machte Weingarten vom Mittelalter bis zu seiner Aufhebung 1803 zu einem geistigen Zentrum der Liturgie, der Baukunst und der (Buch-)Malerei. Es entstanden wertvolle Bücher wie die Weingartner Liederhandschrift oder die Welfenchronik.

Benediktiner

Die größte deutsche Barockkirche

Schwäbischer Petersdom

Von den ursprünglichen romanischen Klostergebäuden ist heute nicht mehr viel zu sehen, denn
zu Beginn des 18. Jahrhunderts entschloss sich
Abt Sebastian Hyller, die Anlage barock nach
einem Klosteridealplan umzugestalten. So entstand die heutige Ansicht der Klosterkirche Sankt
Martin und Oswald und der umliegenden Gebäude. Die Barockkirche, seit 1956 Basilica
minor, ist mit 117 Metern die längste Kirche ihrer
Art nördlich der Alpen. Ihr Spitzname ist
„Schwäbischer Petersdom", denn sie umfasst
exakt die Hälfte des Bauumfangs von Sankt Peter
in Rom, und hinsichtlich ihres Aussehens erinnert sie an die Kollegienkirche und den Dom in
Salzburg, wohin die Abtei Weingarten gute persönliche und personelle Beziehungen unterhielt.

Wäre das Kloster Sankt Martin vollendet worden, wäre seine Anlage eine der größten geschlossenen barocken Klosteranlagen in Süddeutschland. Neben den herrlichen Bauten und
ihrer Ausstattung ist auch die Gabler-Orgel von

Die Kanzel an der Südseite

1750 im Original erhalten, die heute noch bei Konzerten mit ihrem Klang begeistert.

Heilig-Blut-Reliquie

Nicht nur wegen seiner Größe, der reichen Ausstattung und kulturellen Leistungen war Weingarten ein geistiges und geistliches Zentrum seiner Zeit, sondern auch wegen einer kostbaren Reliquie, die Weingarten zum Wallfahrtsort für viele Gläubige aus nah und fern machte. Herzogin Judith, die Gemahlin von Welf IV., vermachte 1094 dem Kloster eine Reliquie mit dem Blute Christi. Der Legende nach hat Longinus die Erde, auf die das Blut Christi unter dem Kreuz getropft war, aufgesammelt. Judith verstarb an einem Freitag nach Christi Himmelfahrt. Ihr Todestag wird bis heute als Tag der Schenkung mit dem sogenannten Blutritt gefeiert, an dem Tausende Reiter und Fußpilger teilnehmen.

Moderne Zeiten

1922 wurde das Kloster, das während der Säkularisation 1803 aufgehoben worden war,

von der englischen Abtei Sankt Thomas Becket in Erdington (Kloster der Beuroner Kongregation) aus wiederbesiedelt. Seit dieser Zeit ist Thomas Becket, Bischof von Canterbury, zweiter Namens- und Schutzpatron des Klosters in Weingarten. Die Mönche bewohnen heute nur einen Teil der Gesamtanlage, die noch die Pädagogische Hochschule Weingarten beherbergt, deren Gebäude frei zugänglich ist, und die Akademie der Diözese Rottenburg-Stuttgart, die u.a. in der Erwachsenenbildung aktiv ist. Interessenten können im Tagungshaus der Abtei Weingarten verschiedenste Seminare buchen, aber auch eigene Seminare planen und in den Räumlichkeiten des Hauses ausrichten. Schwerpunkt der Arbeit der Mönche liegt in der Betreuung der Wallfahrt und der Gemeindeseelsorge. Eine Besonderheit der Abtei ist, dass dort Gottesdienste auch im orthodoxen Ritus abgehalten werden. Zeugnis dieser byzantinischen Tradition sind die entsprechende Kapelle sowie der Sergius-Chor und der Nikolaus-Chor, deren Auftritte hörenswert sind.

Benediktiner

Benediktinerabtei Weltenburg
Asamstraße 32
D-93309 Kelheim/Donau
Tel. 09441/204-136 (Begegnungshaus Sankt Georg)
Fax 09441/204-137
abtei-weltenburg@t-online.de
http://urbanplus.com/weltenburg/

Angebot
Gottesdienste
Gebetszeiten
Priesterexerzitien
Einkehrtage
Gästehaus
Tagungsstätte
Heimvolkshochschule
Kirchenführungen
Museum
Klosterladen
Gastronomie
Brauerei
Schifffahrtsanlegestelle

Die Abtei mit dem Turm der Stiftskirche Sankt Georg – idyllisch gelegen an der Donauschleife

Auf einem schmalen Uferstreifen im wildromantischen Donaudurchbruch bei Kelheim, an dem die Steilufer der Donau sich rechts und links erheben, gründeten Eustasius und Agilus von Luxeuil (Burgund), zwei irisch-schottische Wandermönche kolumbanischer Tradition, um das Jahr 610 ein Kloster als Ausgangspunkt für ihre Mission in Bayern. In späteren Jahren förderte der Agilolfingerherzog Tassilo III. dieses Kloster, das 788 nach seiner Absetzung an Karl den Großen fiel. Jedenfalls taucht Weltenburg

817 auf der Liste der fränkischen Reichsklöster auf und muss wohl schon zu dieser Zeit die benediktinischen Regeln angenommen haben, da alle Reichsklöster Benediktinerklöster waren. Die nächsten Jahrhunderte beschieden der Abtei eine wechselvolle Geschichte mit vielen wirtschaftlichen Krisen durch Kriege, Plünderungen und fast chronischen Geldmangel.

Glückliche Personalentscheidung

Der Aufschwung der Abtei setzte unter Abt Maurus Bächel (1713–1742) zu Beginn des 18. Jahrhunderts ein, der nicht nur die Abtei auf eine solide wirtschaftliche Basis stellte, sondern auch

eine straffere Organisation des Klosters etablierte sowie Kirche und Kloster einer barocken Neugestaltung unterzog. In den folgenden Jahrzehnten machte die Abtei mit der Begründung einer umfangreichen Klosterbibliothek, ihrem reichhaltigen Musikleben und ihrer hervorragenden Klosterschule von sich reden. 1803 endete diese Blütezeit mit der Aufhebung des Klosters. Ludwig I. von Bayern richtete 1842 Weltenburg als selbstständiges Priorat der Benediktinerabtei Metten neu ein. 1903 wurde Weltenburg dann wieder eigenständige Abtei.

Klosterneubau im 18. Jahrhundert

Als oben genannter Abt Maurus Bächel aus der Abtei Ensdorf zum Weltenburger Abt gewählt worden war, fand er nicht nur eine schlechte Einkommenssituation des Klosters vor, sondern auch der gesamte Gebäudekomplex war marode, sodass der Neubau nicht nur eine optische Notwendigkeit war. Durch ihre ungeschützte Lage direkt am Donauufer wurden Kloster und Kirche bei fast jedem Hochwasser überschwemmt – die unzähligen Plünderungen und Kriegsschäden nicht mitgerechnet –, sodass die Bausubstanz über die Jahrhunderte arg gelitten hatte.

Aus seiner Ensdorfer Zeit kannte er die Brüder Asam, die er nun auch mit dem Bau der Weltenburger Kirche beauftragte. Von 1714 bis 1725 dauerte der Bau des Klosters, die Mönche lebten in der Zwischenzeit in der Frauenberger

Kapelle, 1716 bis 1718 war der Rohbau der Kirche fertiggestellt. Die Fassadengestaltung und der Innenausbau dauerten aber noch bis 1735 an.

Außergewöhnlicher Kirchenbau

Von außen sieht die Asam-Kirche eher schlicht aus und lässt von der Innenraumgestaltung nichts erahnen. In der Mitte ragt eine Kuppel empor, die auf einem Geschoss mit zwölf Fenstern, deren Öffnungen abwechselnd oval und geschweift sind, aufliegt. Die etwas reicher gestaltete Westfassade ist eingeschossig mit zwei übereinanderliegenden Fenstern und einem Kranzgesims, das einen Dreiecksgiebel trägt, der von einer Figur des heiligen Benedikt gekrönt wird. Das Portal wird von Säulen flankiert. Die Portalöffnung und die Säulen werden optisch durch ein darüberliegendes Rundbogenfenster aufgenommen, das das Kranzgesims durchbricht.

Nächste Seite: Der hochbarocke Innenraum der Weltenburger Abteikirche

Der Grundriss und der Innenraum sind nach dem Vorbild der Kirche San Andrea al Quirinale in Rom gestaltet. Die Kirche ist in drei Räume gegliedert: die Vorhalle, der Hauptraum und das Presbyterium. Die elliptische Form des Hauptraumes und die gewölbte Kuppeldecke machen diese Kirche besonders sehenswert und geben ihr eine ganz eigene Atmosphäre, die durch das Deckenfresko noch verstärkt wird.

Erwachsenenbildung und Seelsorge

Die Aktionsschwerpunkte der Weltenburger Benediktiner liegen heute in der Erwachsenenbildung und der Seelsorge in ihren Pfarreien. Die Heimvolkshochschule bietet verschiedene Kurse an, deren Themen Religiosität und christliche Ethik mit dem Alltag verbinden wollen. Gruppen oder Einzelpersonen können sich anmelden und im Begegnungshaus Sankt Georg übernachten. Dieses Gästehaus steht auch Besuchern offen, die in Weltenburg ein paar stille Tage verbringen und die reizvolle Landschaft genießen wollen.

Benediktinerabtei
der Heiligen Mauritius und Nikolaus
Mauritiushof 1
D-94557 Niederaltaich
Tel. 099 01/208-0
Fax 099 01/208-248
abtei@abtei-niederaltaich.de
www.abtei-niederaltaich.de

Angebot

Gottesdienste im römischen und byzantinischen Ritus
Gebetszeiten
Kloster auf Zeit
Einkehrtage
Exerzitien
Kirchenführungen (nur für Gruppen nach Anmeldung)
Seminare und Kurse
Gästehaus
Klosterladen
Gastronomie
Gymnasium

Herzog Odilo von Bayern gründete 731 das Kloster Sankt Mauritius in Niederaltaich als Benediktinerkloster, das mit Mönchen von der Reichenau besiedelt wurde. Für die Besiedlung und Erschließung Niederbayerns hat das Kloster große zivilisatorische Leistungen erbracht. Zeitweise erstreckte sich sein Besitz über rund 120 Siedlungen im Bayrischen Wald bis zur Tschechischen Republik und bis in die Wachau. Der Grundbesitz des Klosters war eine geschlossene Hofmark, was bedeutete, dass das Kloster auch die niedere Gerichtsbarkeit über seine „Untertanen" und alle anderen dort angesiedelten Personen ausübte. Die Macht und Wirkung von Niederaltaich zeigten sich insbesondere an der Berufung von über 50 Mönchen als Äbte in andere Klöster oder auf (Erz-)Bischofssitze. Einer der bekanntesten war wohl Abt Gotthard (996–1022), der spätere Bischof von Hildesheim, der dort auch begraben ist. Seine Blütezeit erlebte Niederaltaich im 17. und 18. Jahrhundert unter Abt Vitus Bacheneder (1651–1666), der das Kloster nach den Schäden des Dreißig-

jährigen Krieges wieder auf eine solide wirtschaftliche Basis stellte, sodass Abt Joscio Hamberger (1700–1739) die Mittel hatte, es baulich umzugestalten. Unter ihm erhielt Niedertaich das barocke Aussehen, insbesondere entstand die neue Klosterkirche mit ihren berühmten Zwillingstürmen.

Erfolgreicher Neustart

Nach der Auflösung des Konvents im Jahr 1803 wurde Niederaltaich dem Verfall preisgegeben. Nach einem Kirchenbrand wurden Teile des Klosters von Privatleuten aufgekauft oder abgerissen, wie die Seitenkapellen der Kirche, der Kreuzgang mit seinen anschließenden Gebäuden und die Pfarrkirche.

Durch eine private Schenkung konnte das Kloster 1918 mit Mettener Mönchen wiederbesiedelt werden, und 1932 wurde die Klosterkirche mit dem päpstlichen Ehrentitel „Basilica minor" ausgezeichnet. Seit 1949 ist Niederaltaich wieder eine selbstständige Abtei. Seit den 1950er Jahren

Nikolaus von Myra

Der historische Nikolaus Bischof von Myra lebte in der Stadt Myra in Lykien (Kleinasien), war mildtätig und starb um 350. In der Legendenbildung vermischen sich seine Lebensdaten und Handlungen mit Nikolaus von Sion († 564), auch aus Lykien stammend, der ebenfalls ein karitativ-soziales Leben führte. In der byzantinischen Tradition ist Nikolaus von Myra einer der am meisten verehrten Heiligen.
In der katholischen bzw. protestantischen Tradition zeigen sich besonders zwei Eigenschaften, die volkstümlich mit dem heiligen Nikolaus verbunden werden: der (mildtätige) Geschenketag und die (bischöfliche) Visitation, bei der gute und schlechte Taten aufgezählt werden.

wurde die Abtei Stück für Stück wiederaufgebaut. Zerstörte Teile wurden durch Anbauten ergänzt. Die Einrichtung einer katholischen Landvolksschule, des Sankt-Gotthard-Gymnasiums, einer Klosterkirche nach byzantinischem Ritus und des Gästehauses Sankt Pirmin zeugen von der erfolgreichen Wiederbelebung benediktinischen Lebens in Niederaltaich.

Gelebte Ökumene

Papst Pius XI. erteilte 1924 den Benediktinern die Aufgabe, die Theologie des christlichen Ostens im Westen bekannt zu machen und orthodoxe Dekanien (Fachbereiche) in ihren Klöstern zu gründen, um zu zeigen, dass es christliche Glau-

*Rechts: Die „Oberlichter" in der Kirchendecke
sind von oben begehbar.*

bensalternativen gibt und Ökumene lebbar ist, was in Niederaltaich bis heute erfolgreich durchgeführt wird. 1986 wurde durch die große Anzahl der Kirchenbesucher die alte byzantinische Kapelle zu klein, und in dem ehemaligen Brauereitrakt wurden eine größere Kirche und eine neue Kapelle eingerichtet, die dem heiligen Bischof Nikolaus von Myra geweiht wurden. Die Ausstattung der Kirche, besonders die Ikonostase, die den Kirchenraum vom Altarbereich trennt, und die Malereien erinnern deutlich an die Kirchen Russlands und Griechenlands.

Damit die Gläubigen die Liturgie verstehen können, wurden die Texte aus dem Slawischen bzw. Griechischen übersetzt, und die Messe wird nun in deutscher Sprache abgehalten.

Um die orthodoxen Traditionen nicht nur im Gottesdienst pflegen zu können, sondern das Verständnis zu vertiefen, wurde 1965 vor Ort ein ökumenisches Institut geschaffen, in dem Tagungen, Seminare und Kurse stattfinden.

Benediktinische Gastlichkeit

Das Gästehaus Sankt Pirmin, benannt nach dem Gründer des Klosters Reichenau, aus dem die ersten Mönche nach Niederaltaich gekommen waren, steht Einzelreisenden, Gruppen oder Unternehmen zur Verfügung, die entweder am Angebot des Klosters teilnehmen oder ihre eigenen Veranstaltungen ausrichten wollen. Das Kursprogramm umfasst Themen rund um die christliche Ethik, die Ökumene und gelebte Spiritualität im Alltag, aber auch Exerzitien, Einkehrtage, Oblatentage oder Kurse für Ikonenmalerei.

Das Angebot „Kloster auf Zeit" steht nur Männern offen, die für zwei Wochen am Alltag der Mönche teilnehmen möchten und mit diesen in Klausur leben, beten und arbeiten. Für Tagesbesucher sind Kloster- und Kirchenführungen nur in Gruppen nach Voranmeldung möglich, dem Einzelreisenden stehen der Klosterladen und die Klostergastronomie offen.

Links: Die Orgel in der Basilika Sankt Mauritius umfasst 48 Register.

Benediktiner

Info

Benediktinerabtei Stift Melk
Abt-Berthold-Dietmayr-Straße 1
A-3390 Melk
Tel. 00 43 (0) 27 52/555-232 (Kultur),
    -460 (Gästehaus)
Fax 00 43 (0) 27 52/555-249 (Kultur)
kultur.tourismus@stiftmelk.at
oder gastpater@stiftmelk.at
www.stiftmelk.at

Angebot
Heilige Messe (sonntags)
Chorgebet (täglich)
Kloster- und Kirchenführungen
Gästehaus
Konzerte
Veranstaltungen
Orangerie und Parkanlage
Stiftsmuseum
Mineraliensammlung
Gastronomie
Klosterladen
Gymnasium

Die Melker Benediktiner sind zu Recht stolz auf die mehr als 1000-jährige Geschichte der Burg Melk, die schon urkundlich erwähnt wurde, als der Begriff Österreich noch nicht geprägt war.

976 machte der Babenberger Markgraf Leopold I. die Melker Burg zum Stammsitz seiner Familie. Seine Nachkommen sorgten für den Ausbau der Residenz und statteten sie zum Zeichen ihrer Macht mit vielen Reichtümern und Reliquien aus.

So ließ z. B. Markgraf Heinrich I. die Gebeine des heiligen Koloman 1014 auf seine Burg überführen und dort in der Peterskirche feierlich bestatten. Mit dem Grab des Heiligen in ihrer Stammburg war nun auch eine würdige Grablege für die Familie der Babenberger selbst geschaffen. Vielleicht aus diesem Grund oder auch aufgrund der steigenden volkstümlichen Verehrung des Heiligen stiftete Leopold II. 1089 die Burg in Melk als Benediktinerkloster, das mit Mönchen aus der Abtei Lambach besiedelt wurde.

Geistiges Zentrum

Zu Beginn des 15. Jahrhunderts war Melk Ausgangspunkt einer Reformbewegung, der sogenannten Melker Klosterreform, die sich wieder um strengere Klosterdisziplin in den benediktinischen Klöstern bemühte. In Zusammenarbeit mit der Wiener Universität entstanden in Melk in diesem Jahrhundert viele theologische, monastische

Links: Die Westfassade der Stiftskirche zeigt in der Mitte, rechts und links der Inschrift, die beiden Patrone Petrus und Paulus. Oben, zwischen den beiden Türmen, steht Christus mit zwei Engeln.

Linke Seite: Unvergleichlich ist die Lage des Klosters hoch über der Donau und der Altstadt von Melk.

und wissenschaftliche Werke oder wurden in der berühmten Schreibstube kopiert. Ein weiterer Höhepunkt der spirituellen und geistigen Ausstrahlung des Melker Stifts war die Gegenreformation im 16. und 17. Jahrhundert, als alle Pfarrgemeinden der Umgebung mit Melker Seelsorgern besetzt wurden, um protestantischen Einflüssen einen Riegel vorzuschieben. Ein Schwerpunkt der katholischen Erziehung war die Ausbildung an der Melker Klosterschule, die nach dem Vorbild der Jesuitenschulen neu organisiert wurde.

Um dieser geistigen und politischen Bedeutung Gewicht und Ausdruck zu verleihen, wurde unter Abt Berthold Dietmayr mit dem barocken Neubau der Abtei begonnen.

Barocker Prachtbau

Dass Melk heute ein touristischer Anziehungspunkt in der Weinregion Wachau ist, liegt sicherlich nicht nur an den vielen Sehenswürdigkeiten in der Umgebung, sondern auch an dem baro-

Der Legende nach befand sich der junge, irische Pilger oder Königssohn Koloman auf dem Weg nach Jerusalem, als er aufgrund seiner fremden Tracht und Sprache in Stockerau bei Wien verdächtigt wurde, ein böhmischer Spion zu sein. Als trotz Martyriums kein Geständnis zu erreichen war, wurde er unschuldig an einem Baum aufgehängt. Seine Leiche blieb dort, ohne zu verwesen, und als ein Jäger den Zustand des Toten testen wollte und einen Spieß in seine Seite stieß, floss sogar Blut heraus. Schon bald trugen sich im Zusammenhang mit diesem Leichnam die ersten Wunder zu, und das Volk begann, Koloman zu verehren. In Österreich, Bayern und Schwaben ist die Koloman-Verehrung lebendig. Bevor Leopold III. 1663 zum österreichischen Landespatron gewählt wurde, war der heilige Koloman der erste Patron Österreichs. Im Melker Stift wird er noch heute als Patron verehrt, seine Statue steht am Hauptportal, und am 13. Oktober wird ihm zu Ehren eine Messe gefeiert.

cken Prachtbau, der auf einer Anhöhe über der Donau thront und weithin sichtbar ist. Als Wahrzeichen der Wachau gehört das Stift heute zum UNESCO-Weltkulturerbe. Abt Berthold Dietmayr fand in Jakob Prandtauer und seinem Nachfolger Joseph Muggenast zwei Baumeister, die seine Ideen genial umsetzten. Sollte zuerst nur die Klosterkirche erneuert werden, wurde 1711 jedoch beschlossen, die gesamte Anlage neu zu errichten. Viele namhafte Künstler waren an der Ausstattung der Gebäude beteiligt. Für die Gestaltung der Innenräume war der Theatergestalter Antonio Beduzzi zuständig. Johann Michael Rottmayr malte die Deckenfresken der Kirche und Paul Troger die Fresken in der Bibliothek und im Marmorsaal.

Bestand bis heute

Während der Epoche des Josephinismus ereilte auch die österreichischen Klöster eine Art der „Säkularisation", oft in Form der Auflösung. Von dieser blieb Melk zwar verschont, musste aber gravierende Einschnitte bei seiner Autonomie hinnehmen. Die Klosterschule wurde geschlossen, per Verordnung mussten Pfarreien und Schulen eingerichtet werden, deren Kosten aber das Kloster tragen musste, und ein staatlicher Kommendatarabt wurde eingesetzt. Die weiteren historischen Einschnitte wie die napoleonischen Kriege, die Revolution von 1848 und die beiden Weltkriege überlebte das Stift Melk nicht unbeschadet, aber immer, ohne das Kloster aufgeben zu müssen.

Links: Die Kaiserstiege führt in den Kaisertrakt. Hier wohnte die kaiserliche Familie, wenn sie das Kloster besuchte. Entsprechend repräsentativ ist der Bereich mit Stuck, Säulen und allegorischen Figuren verziert. Das Deckenfresko zeigt mit Adlern spielende Knaben, die auf den kaiserlichen Doppeladler hinweisen.

Zur 900-Jahr-Feier und bis zur Jahrtausendwende wurde Melk umfassend saniert. Neben den traditionellen Erwerbszweigen, der Land- und Forstwirtschaft, gewann der Tourismus in den letzten Jahren als Einnahmequelle eine immer größere Bedeutung, der die Mönche mit ihrem attraktiven Angebot Rechnung tragen.

Tourismus und Gäste

Melk ist die größte barocke Klosteranlage Österreichs, und sie liegt in einem touristischen

Oben: Petrus und Paulus verabschieden sich. Die Figurengruppe ziert den Hochaltar.
Unten: Die Bibliothek umfasst 100 000 Bände.

Erholungsgebiet, der Wachau. Durch die Wachau führen viele Wanderrouten, z. B. der Radwanderweg an der Donau oder auch die alten Jakobswege. Sie ist beliebt wegen ihrer Küche und der Weine, dem Obstanbau (der übrigens auf eine Initiative des Klosters zurückgeht) und natürlich wegen ihrer zahlreichen kulturellen Sehenswürdigkeiten.

Das Melker Stift ist teilweise für Gäste zugänglich, etwa bei Kirchen- und Klosterführungen. Im Stiftsmuseum wird der Besucher über Baugeschichte, Historisches der Region und die Kunstschätze des Klosters informiert. Teil des Rundgangs durch das Kloster ist die Bibliothek, eine der wichtigsten Räumlichkeiten in einem Kloster und hier in Melk mit einem wahren Schatz an Handschriften und Inkunabeln (erste Buchdrucke) aus dem frühen und späten Mittelalter bestückt. Sehenswert ist außerdem der Stiftsgarten mit den uralten Linden, dem Rosengarten und seinem Pavillon, in dem Konzerte und Veranstaltungen stattfinden.

Benediktiner

Info

Benediktinerstift Göttweig
A-3511 Stift Göttweig
Tel. 0043 (0) 2732/85581-231
Fax 0043 (0) 2732/85581-244
info@stiftgoettweig.at
www.stiftgoettweig.or.at

Angebot
Messe und Gebet
Exerzitien
Tage der Stille
Kloster auf Zeit (für Männer)
Urlaub im Kloster
Exerzitienhaus
Jugendhaus
Klostermuseum
Klosterbibliothek
Klosterführungen
Konzerte
Wallfahrt
Klosterladen
Gastronomie

Berühmte Vergleiche muss das Benediktinerstift Göttweig, das sich auf einem Berg über dem Donautal erhebt, nicht scheuen. Wegen seiner beeindruckenden Lage wird es gerne auch „Österreichisches Monte Cassino" oder „Österreichischer Escorial" genannt. Wahrscheinlich war dieser imposante Höhenzug, der bis weit in die Wachau hinein zu sehen ist, auch ein Kriterium für die Wahl des Passsauer Bischofs Altmann I., hier ein Kloster zu gründen. 1083 entstand zunächst ein Augustiner-Chorherrenstift, das aber schon 1094 an die Benediktiner aus dem Kloster Sankt Blasien im Schwarzwald übergeben wurde. Da das Kloster als bischöfliches Eigenkloster mit hohen Einkünften versehen war, erlebte es bis zu den Türkenkriegen und der Reformation zu Beginn des 16. Jahrhunderts eine wirtschaftliche und geistige Blütezeit: In seinem Skriptorium entstanden wertvolle Handschriften, die Äbte erhielten die Pontifikalien, und 1401 wurde es direkt dem Papst unterstellt. Dank der Voraussicht des Abtes Matthias von Znaim, der das Kloster befestigen ließ, konnte man die Angriffe der Türken und die nachfolgende mehrtägige Belagerung 1529 unbeschadet überstehen.

UNESCO-Weltkulturerbe

Nach einem Großbrand 1718 lag fast die gesamte Anlage in Schutt und Asche. Für Abt Gottfried Bessel (1714–1749) bedeutete dies einen vollständigen Neubau der Anlage – nun in baro-

cken Stilformen. Dank seiner Beziehungen zum österreichischen Hof konnte er für die Planung den Hofbaumeister Johann Lukas von Hildebrandt gewinnen. 1725 begannen die Bauarbeiten, die unter verschiedenen Baumeistern bis 1784 andauerten. Die eigentlichen Pläne wurden aber nie vollständig umgesetzt, sodass Göttweig genaugenommen unvollendet geblieben ist. Doch obwohl das Kloster diesen fragmentarischen Charakter zeigt – oder gerade deswegen –, ist das Stift 2001 in das UNESCO-Weltkulturerbe aufgenommen worden.

Die ältesten Bauteile, die bei der Brandkatastrophe keinen Schaden genommen haben und nicht umgebaut wurden, sind die Erentrudiskapelle aus der Mitte des 13. Jahrhunderts, der Südflügel des Kreuzgangs mit der Barbarakapelle von 1437 und ein Teil der alten Wehrburg aus dem 13. Jahrhundert mit den Umbauten von 1526 zur Abwehr der Türkenangriffe.

Links: Die berühmte Kaiserstiege

Unten: Die Orgel ist im Rahmen der Göttweiger Stiftskonzerte zu hören.

59

Benediktiner

Viele Wege führen nicht nur nach Rom, sondern auch nach Santiago de Compostela, dem Ziel der mittelalterlichen Jakobspilger. 2004 wurde entlang des römischen Donaulimes der alte Jakobsweg wiederbelebt, von der Hainburger Pforte im Osten von Österreich über Linz, Salzburg und Innsbruck bis nach Feldkirch im Westen. Endpunkt ist die Schweizer Abtei Maria Einsiedeln. Eine sehr gut ausgeschilderte Teilstrecke verbindet die berühmten Benediktinerabteien Göttweig und Melk, die rund 44 Kilometer voneinander entfernt sind – für den Jakobspilger zwei Tagesetappen, die an so bekannten Orten wie Mautern, Maria Langegg und Schloss Wolfstein vorbeiführen.

Rechts: Der Innenhof

Sehenswert sind neben unzähligen kunsthistorischen „Schmankerln" die Fassade der Stiftskirche Sankt Maria Himmelfahrt, die Brunnenpyramide auf dem Stiftsvorplatz von Johann Schmidt, die Kaiserstiege, eines der schönsten und größten barocken Treppenhäuser Europas, die Deckenfresken von Paul Troger und die Stuckarbeiten von Franz Amon.

Der Weg in die Neuzeit

Josephinismus und Franzosenkriege überstand das Stift Göttweig mit starken Einschnitten in seine Wirtschaftskraft. Die 1804 gegründete Schule und die Übernahme von 30 Pfarreien mit den anfallenden seelsorgerischen Aufgaben retteten das Kloster vor der Auflösung im 19. Jahrhundert. 1939 jedoch hoben die Nationalsozialisten das Stift auf, beschlagnahmten seine Güter und die umfangreichen Sammlungen. 1945 begannen die Benediktiner mit dem Wiederaufbau. Heute wirtschaften die Klosterbetriebe (Landwirtschaft, Forst, Weingut, Tourismus) so erfolgreich, dass das Stift finanziell unabhängig

ist. In den Jahren 1978 bis 2004 wurde die Klosteranlage umfassend saniert, u.a. wurden das Exerzitienhaus Sankt Altmann und im ehemaligen Konvikt der Göttweiger Sängerknaben ein Jugendhaus eingerichtet.

Spirituelles und touristisches Angebot

Im Exerzitienhaus Sankt Altmann finden vor allen Dingen Einzelexerzitien statt. Das Spektrum reicht von Exerzitien im Alltag, im Fasten oder Schweigen bis hin zu Wanderexerzitien. Einkehrwochenenden gibt es für verschiedene Personenkreise, z.B. für Geschiedene und Wiederverheiratete. Sonderausstellung und Vorträge finden ebenfalls hier statt. Junge Männer können auch „Kloster auf Zeit" in der Klausur mitleben. Wer

nur die klösterliche Stille genießen möchte, vielleicht noch an den Messen und Gebeten teilnehmen, aber keinen Kurs besuchen mag, kann einen „Urlaub im Kloster" buchen.

Einige Teile des Klosters sind Besuchern frei zugänglich (Außenanlagen, Kirche, Kapellen), und im Kaisertrakt befindet sich ein Museum. Themenführungen ermöglichen dem Gast einen Einblick in sonst nicht öffentlich gezeigte Räume.

Über Niederösterreich hinaus bekannt sind die Göttweiger Konzerte mit Künstlern aus aller Welt und die Adventskonzerte u.a. mit den Göttweiger Sängerknaben.

Für das leibliche Wohl sorgen sowohl das Stiftsrestaurant mit seiner Außenterrasse und dem fantastischen Ausblick über das Donautal als auch der Klosterladen, in dem klostereigene Produkte verkauft werden. Hier kann der Kenner auch einen Tropfen aus den Gewächsen des zugehörigen Weinguts erstehen.

Benediktinerinnen

Info

Benediktinerinnenpriorat
Kloster Sankt Johann
CH-7537 Müstair
Priorin: Pia Willi (seit 1986)
Tel. 00 41 (0) 81/851 62-23
Fax 00 41 (0) 81/851 62-21
kloster@muestair.ch
www.muestair.ch

Angebot

Teilnahme am Gottesdienst und Chorgebet
Meditation in der Hauskapelle
Gästehaus (neun Zimmer) für Einzelreisende und
  Ehepaare (im November geschlossen)
Fastenwochen im Frühjahr und Herbst
Klosterkirche mit karolingischen und
  romanischen Wandmalereien
Klostermuseum im wohl ältesten Wohnturm
  des Alpenraumes
Museums- und Kirchenführungen
Klosterladen

Bis auf Karl den Großen geht die Geschichte des Klosters Sankt Johann in Müstair zurück. Ende des 8. Jahrhunderts betrieb der Karolingerherrscher im Grenzgebiet seines Reiches zu den Bajuwaren und Langobarden durch den Bau eines Männerklosters strategische Machtpolitik, um sich hier ein sowohl religiöses als auch politisches Standbein zu schaffen. Heute erinnert eine lebensgroße Statue in der Klosterkirche an seinen Gründer. Sehenswert sind vor allem die erst 1894 entdeckten und von 1947 bis 1951 freigelegten Wandmalereien, die auf das 9. Jahrhundert zurückgehen und den größten erhaltenen karolingischen Freskenzyklus bilden. Die Bildergeschichte zeigt Darstellungen aus der Davidsgeschichte, dem Leben und der Passion Christi sowie verschiedener Heiliger. Ergänzt werden diese Wandbilder durch einen farbenfrohen Fries romanischer Fresken aus der Zeit um 1200 mit Szenen aus dem Leben des Namenspatrons des Klosters, Johannes des Täufers, sowie der

Märtyrer Stephanus, Petrus und Paulus. Aufgrund dieser sehr gut erhaltenen Wandmalereien erklärte die UNESCO das Kloster Sankt Johann in Müstair 1983 zum Weltkulturerbe.

Bei der Gartenarbeit

Seit dem 12. Jahrhundert wird das ehemalige Männerkloster durchgehend von Benediktinerinnen bewohnt. Ihr Leben richtet sich nach der Regel des heiligen Benedikt im geordneten Rhythmus der Zeiten für Gebet, Arbeit und Gemeinschaft. Die Nonnen betreiben biologischen Garten- und Obstanbau, arbeiten kunsthandwerklich – die Stickereien der Schwestern für Bündner Festtrachten und Filet-Vorhänge sind über die Region hinaus bekannt und beliebt –, sie

Links: Reduktion auf das Wesentliche auch im Gästetrakt

Oben: Die Schwestern mit dem Seelsorger des Klosters

Benediktinerinnen

führen ein kleines Gästehaus und verwalten neben ihrem Kloster auch das Klostermuseum und den Klosterladen.

Klosterleben im Zeitraffer

Im Laufe der 1200-jährigen Baugeschichte wurde die Klosteranlage nie völlig zerstört, sondern immer wieder teilweise auf- oder umgebaut. Heute kann man also verschiedenste Bauweisen von der karolingischen bis zur heutigen Zeit erkennen. Es gab einige bedeutende Eingriffe in die Bausubstanz, welche heute noch das Bild des Klosters prägen. So erhielt die Klosterkirche Ende des 15. Jahrhunderts unter der Äbtissin Angelina Planta ein gotisches Netzrippengewölbe und zwei Säulenreihen. Dass das Kloster in einem politischen Krisengebiet lag, zeigt der erhaltene Wehrturm, der sogenannte Planta-Turm, dessen Mauerwerk aus dem Jahr 958 stammt und der nach 1500 auch als Wohnturm für die Klosterfrauen diente, weil der Rest der Gebäude nach kriegerischen Auseinandersetzungen zwischen Österreichern und Graubündnern abgebrannt war.

Links: Der in der Apsis der Klosterkirche freigelegte Freskenzyklus umfasst karolingische wie romanische Wandbilder. Zwischen Mittel- und Südapsis steht die Stuckstatue Karls des Großen.

Rechts: Ein Detail von der Enthauptung des Johannes

Der Planta-Turm beherbergt heute das Klostermuseum, in dem die Schwestern anhand der Ausstellungsstücke nicht nur einen Einblick in die Baugeschichte geben, sondern auch den Wandel des klösterlichen Lebens bis heute aufzeigen. Bei einer Führung durch den Turm sieht der Besucher den Kreuzgang, den Keller und die drei Obergeschosse des Planta-Turms. Gezeigt werden auch die privaten Räume des Klosters wie Ess-, Schlaf- und Gebetszimmer und ein besonderes Juwel: das winzige Hohenbalken-Zimmer, die „Suite" der Priorin Ursula Karl von Hohenbalken.

Der Klosterladen, genannt butia, bietet regionale und hauseigene Produkte, Devotionalien, Bücher und sonstige Souvenirs.

Fasten zur inneren Einkehr

In ihrem kleinen Gästehaus mit neun Zimmern (mit Dusche und WC ausgestattet) sind Einzelreisende oder Ehepaare willkommen, die Ruhe und Abstand vom Alltag suchen. Eine Teilnahme am klösterlichen Gebet und an der Eucharistiefeier ist möglich. Die Mahlzeiten werden mit anderen Gästen im Speisesaal eingenommen, die Gnadenkapelle steht als Ort der Stille für eigene Meditationen und Gebete offen, und Pater Columban Züger OSB steht für seelsorgerische Fragen bereit.

Im Frühjahr und Herbst bieten die Schwestern in ihrem Haus einwöchige Fastenkuren unter professioneller Anleitung an. Ergänzt wird das Fasten durch Meditation und Yoga. Auf der Homepage des Klosters finden sich immer die aktuellen Daten und Preise für diese Fastenwochen.

Nächste Seite: Kloster Sankt Johann vor dem beeindruckenden Bergpanorama

Benediktinerabtei Einsiedeln
CH-8840 Einsiedeln
Tel. 0041 (0) 55/41861-11
Fax 0041 (0) 55/41861-12
kloster@kloster-einsiedeln.ch
www.kloster-einsiedeln.ch

Angebot
Messe und Gebet
Kloster auf Zeit (für Männer)
Klosterführungen
Konzerte
Klosterladen
Gestüt
Wallfahrt

Der heilige Meinrad, Mönch und Priester des Klosters auf der Insel Reichenau, zog sich 835 in den Finstern Wald im Hochtal der Sihl zurück und errichtete sich dort eine Klause, um fortan als Eremit zu leben. 861 wurde er von zwei Männern, denen er zuvor Nahrung und Unterkunft gewährt hatte, erschlagen. Doch Meinrads zahme Raben verfolgten die Täter, bis diese gefasst wurden. Rund ein Jahrhundert später zog es wieder einige gläubige Männer in den Finstern Wald, an die Stelle, wo Meinrads ehemalige Klause gestanden hatte. 934 stieß Eberhard, Domherr zu Straßburg, zu ihnen, machte aus der losen Einsiedlergemeinde eine Klostergemeinschaft und gründete das heutige Kloster Einsiedeln. Das dazu benötigte Land wurde der Gemeinschaft von Herzog Hermann I. von Schwaben und seiner Gattin Reginlinde gestiftet. 947 wurde die

In der Mitte des Klosterplatzes steht der Liebfrauenbrunnen von 1747 mit seiner vergoldeten Marienstatue.

Gründung durch Kaiser Otto I. bestätigt, und ein Jahr später weihte Bischof Konrad von Konstanz die erste Klosterkirche. Eine Eigenart dieser Kirche ist, dass sie die ehemalige Zelle des heiligen Meinrad im Inneren umschließt. Diese Zelle wurde zur Gnadenkapelle, zur Erlöserkapelle. Am Vorabend der Weihe durch den (heiligen) Konrad hatte dieser eine Vision: Er sah, wie Christus in Begleitung von Engeln und Heiligen diese Kapelle persönlich seiner Mutter Maria weihte. Die sogenannte Engelweihlegende, seit dem 12. Jahrhundert belegt, wird bis heute jeweils am 14. September gefeiert.

Blüte und Niedergang

Schon bald nach seiner Gründung entwickelte sich Einsiedeln zu einem geistigen und religiösen Zentrum im süddeutschen Raum (bis 1648 gehörte die Schweiz zum Heiligen Römischen Reich Deutscher Nation). Das Gebiet südlich des Zürichsees, also auch Einsiedeln, gehörte zum Herzogtum Schwaben, kirchlich zum Bistum Konstanz, dieses wiederum zum Erzbistum

Benediktiner

Mainz. Von dort gingen mehrere Klostergründungen aus, u.a. Kloster Hirsau, das sich später zu dem wichtigsten Kloster der Reformbewegung Ende des 11. Jahrhunderts entwickeln sollte. Bis ins 15. Jahrhundert erfolgte ein langsamer, aber stetiger Niedergang der Abtei Einsiedeln; zu Beginn der Reformation lebte hier nur noch ein einziger Mönch. Erst mit dem Aufleben der Marienwallfahrt, die zu Beginn des 15. Jahrhunderts einsetzte, erstarkte die Abtei nach der Reformation wieder und wurde im Verlauf des 17. Jahrhunderts zum meistbesuchten Marienwallfahrtsort in Europa.

Die prachtvolle Barockanlage des Klosters entstand Anfang des 18. Jahrhunderts nach den Plänen von Kaspar Moosbrugger. 1718/1719 war die Klosteranlage weitgehend vollendet, 1735 wurde die Kirche *(Bild rechts)* geweiht. An der Gestaltung der Innenräume waren hochrangige Künstler ihrer Zeit wie die Brüder Asam, die Brüder Carlone, Joseph Anton Feuchtmayr und Johann Georg Kuen beteiligt.

Die Schwarze Madonna von Einsiedeln

Das Einsiedler Gnadenbild gehört zu den berühmten schwarzen Madonnen in Europa. Der Ruß von unzähligen Kerzen und Öllampen in der Gnadenkapelle haben Gesicht und Hände im Laufe der Zeit schwarz gefärbt. Die stehende, gotische Madonna mit dem Jesuskind auf dem linken Arm und einem Zepter in der rechten Hand steht seit 1466 in der Kapelle. (Ein Jahr zuvor war die alte Kapelle und mit ihr das ursprüngliche Madonnenbild, eine sitzende Marienstatue, verbrannt.) In diesem Jahr feierten rund 130 000 Pilger das Fest der neuen Engelweihe. An hohen Festtagen wird die Lindenholzstatue in feine Festgewänder aus kostbarem Stoff gekleidet und zusätzlich bekrönt.

Die heutige Kapelle aus schwarzem Marmor, die sich am Eingang der Klosterkirche im Mittelschiff befindet, ist ein Bau aus der Zeit um 1817, der notwendig wurde, nachdem die Franzosen Einsiedeln 1798 zerstört hatten.

Hinter der barocken Kirchenfassade verbirgt sich ein ganzes Dorf. Das Hauptportal der Kirche wird jedoch nur an hohen Festtagen geöffnet. Ansonsten betritt der Besucher die Kirche durch ein Seitenportal.

Rund 700 000 Pilger und Wallfahrer jährlich besuchen heutzutage die Schwarze Madonna von Einsiedeln.

Ein geistiges Leben

Besucher und Gäste können an den täglich stattfindenden Messen und Gebetszeiten teilnehmen und auch Teile der Anlage besichtigen. Im Rahmen einer Führung ist die Stiftsbibliothek aus dem 18. Jahrhundert mit ihrem Schatz von über 230 000 Büchern, ihren 1200 wertvollen Handschriften und 1100 Inkunabeln (Frühdrucke aus der Zeit bis 1520) zu besichtigen. In der Kirche und im Großen Saal finden übers Jahr verschiedene Konzerte statt. Ansonsten liegen die Hauptaufgaben der Benediktiner bei der Wallfahrtsbetreuung, dem Betrieb ihres Gymnasiums und der theologischen Schule für den Ordensnachwuchs. Daneben wollen die Wirtschaftsbetriebe geführt werden. Junge Männer können ein „Kloster auf Zeit" mit den Mönchen leben.

Einsiedeln hat zwar einen Klosterladen, der Klosterprodukte vertreibt, aber keine eigene Gastronomie im Hause. Da dem Kloster jedoch Weinberge gehören, u. a. das Leutschengut in Freienbach am Zürichsee, können Gäste im „Leutschenhaus" inmitten der Reben die hiesigen Weine mit den entsprechenden Speisen kosten.

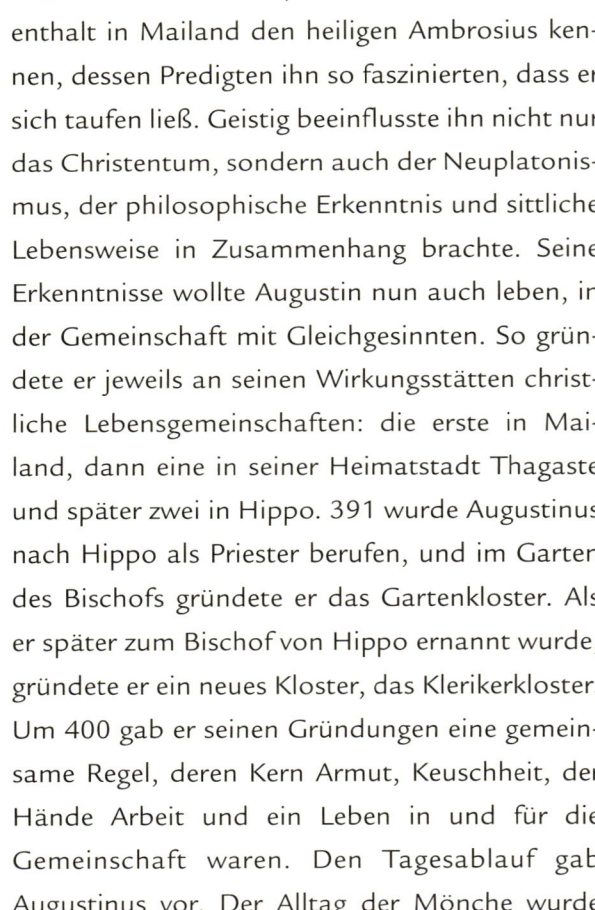

Der heilige Augustinus (354–430), ausgebildeter Rhetor, lernte bei seinem Aufenthalt in Mailand den heiligen Ambrosius kennen, dessen Predigten ihn so faszinierten, dass er sich taufen ließ. Geistig beeinflusste ihn nicht nur das Christentum, sondern auch der Neuplatonismus, der philosophische Erkenntnis und sittliche Lebensweise in Zusammenhang brachte. Seine Erkenntnisse wollte Augustin nun auch leben, in der Gemeinschaft mit Gleichgesinnten. So gründete er jeweils an seinen Wirkungsstätten christliche Lebensgemeinschaften: die erste in Mailand, dann eine in seiner Heimatstadt Thagaste und später zwei in Hippo. 391 wurde Augustinus nach Hippo als Priester berufen, und im Garten des Bischofs gründete er das Gartenkloster. Als er später zum Bischof von Hippo ernannt wurde, gründete er ein neues Kloster, das Klerikerkloster. Um 400 gab er seinen Gründungen eine gemeinsame Regel, deren Kern Armut, Keuschheit, der Hände Arbeit und ein Leben in und für die Gemeinschaft waren. Den Tagesablauf gab Augustinus vor. Der Alltag der Mönche wurde

Augustiner-Eremiten

Der Augustinerorden besteht aus mehreren Gruppierungen, daher ist es nicht leicht, Mitgliederzahlen zu ermitteln. Die Augustiner-Eremiten, der älteste der Orden auf der Grundlage der Augustinusregel, haben in der deutschen Augustinerordensprovinz derzeit 86 Mitglieder (63 Patres, 22 Brüder, 1 Terziarbruder); im Augustinervikariat Wien gibt es zehn Patres und zwei Brüder. In der Schweiz unterhält dieser Bettelorden sieben Klöster (Basel, Bellinzona, Bern, Freiburg, Genf, Vevey und Zürich).

Augustiner-Chorherren aus Sankt Florian, Österreich

durch die (vier) Gebetszeiten und die Arbeit gegliedert. Die Mönche sollten grundsätzlich von ihrer eigenen Arbeit leben können, mit Ausnahme der Kleriker, die durch den Dienst in der Gemeinde und der Kirche keine Zeit dafür hatten. Außerdem waren sie dem Studium und dem wissenschaftlichen Arbeiten verpflichtet.

Was die Bauweise der Klöster betrifft, so sah die augustinische Regel einen gemeinschaftlichen Betraum, das Oratorium, vor. In den bisherigen Klöstern gab es einen Speisesaal, eine Küche mit Wirtschafts- und Arbeitsräumen, eine Bibliothek und die Zellen der Mönche. Alle Gebäudeteile waren um einen Innenhof gruppiert.

Während die Klosterbauten aus Augustins Zeit in den Vandalenkriegen zerstört wurden, hat seine Regel ihre Gültigkeit bis heute nicht verloren, denn sie gilt nicht nur für Mönche, sondern auch für Kleriker. Im Verlauf der nächsten Jahrhunderte wurden die an einer Bischofskirche tätigen Kleriker immer öfter dazu verpflichtet, sich in

einer Gemeinschaft nach der Regel des Augustinus zu organisieren. Im karolingischen Reich wurden die Kleriker per kaiserlichen Erlass (812/814) zur *vita communis* gezwungen, und 1056 schrieb die Lateran-Synode diese Lebensform für den Klerus des gesamten Abendlandes verbindlich vor.

An Bischofskirchen wurde daraufhin oft eine Art Kloster angebaut, das aus Schlafsaal (Dormitorium), Kreuzgang, Kapitelsaal, Speisesaal und einer Bibliothek bestand. Vorsteher der Gemeinschaft war der Propst. Die Kleriker waren im Gegensatz zu den Mönchen zwar zur Gemeinschaft verpflichtet, mussten aber keine Gelübde ablegen, lebten nicht in strenger Klausur und durften privaten Besitz haben. Um sich von Mönchen zu unterscheiden, nannten sich diese Klerikergemeinschaften Augustiner-Chorherren.

Auch für einige weibliche Gemeinschaften wurde die Augustinusregel zum Vorbild. Fast alle Kanonissenstifte sind nach ihr organisiert. In die-

sen Stiften leben Frauen zeitlich begrenzt in einer christlichen Gemeinschaft. Alle, bis auf die Äbtissin, brauchen keine Gelübde abzulegen, dürfen ihren Privatbesitz behalten und können das Stift jederzeit auch wieder verlassen. Diese Stifte wurden im Mittelalter gerne zur Versorgung von adeligen Damen und Töchtern gegründet.

Von den in späteren Jahrhunderten gegründeten Orden übernahmen die Ritterorden, die Dominikaner, die Prämonstratenser, die Brigittinnen (1344), die Ursulinen (1535) und die Armen Schulschwestern (1833) die augustinische Regel.

Papst Alexander IV. schloss 1256 die damals existierenden italienischen Bettelorden zu den Augustiner-Eremiten (Ordo Eremitiarum Sancti Augustinus/OESA) zusammen. Dieser Mönchsorden lebt auch heute noch nach der Regel des Augustinus und heißt seit 1963 Augustinerorden (Ordo Sancti Augustinus/OSA). Die komplette Regel ist unter www.augustiner.de nachzulesen.

Augustiner

Info

Augustinerkloster Germershausen
Klosterstraße 24–26
D-37434 Germershausen
Tel. 055 28/9239-0
Fax 055 28/9239-25
www.augustiner.de

Katholische Bildungsstätte Sankt Martin
Klosterstraße 28
D-37434 Germershausen
Tel. 05528/9230-0
Fax 05528/8090
info@bildungsstaette-sanktmartin.de
www.bildungsstaette-sanktmartin.de

Angebot
Wallfahrt
Bildungshaus (extern)

Abends sah ein Schäfer in einem hohlen Baum ein hell glänzendes Licht. Da er sich aber fürchtete, wagte er nicht nachzuschauen und ging nach Hause. Bei Tageslicht war indes seine Neugierde stärker, und er fand im Baum ein Bild der Gottesmutter mit ihrem Kind. An der Fundstelle errichteten die Germershausener nun eine Kapelle, in der das Bildnis aufgestellt wurde. Die Wiese wurde jedoch regelmäßig bei Hochwasser überschwemmt, sodass der Kapellenbau unter der Feuchtigkeit litt. So beschlossen die Bewohner von Germershausen auf dem Kirchberg im Ort, der höher lag, eine neue, schönere und größere Kapelle zu errichten. Sie schafften das Baumaterial, Holz und Steine, auf die Anhöhe, doch am nächsten Morgen erlebten sie eine Überraschung: Holz und Steine lagen auf der Wiese an der alten Stelle.

Zuerst wollten die Dörfler an einen Schabernack glauben und räumten das Material wieder ins Dorf zurück. Als aber am nächsten Morgen wieder alles zum alten Kapellenbau geräumt war, fassten einige Männer Mut und bewachten in der nächsten Nacht den neuen Bauplatz, wohin sie tagsüber wieder alles Material geschafft hatten. Mitten in der Nacht erhellte sich der Himmel, die Wolken rissen auf und der Mond beschien die ganze Szenerie: Eine weißgekleidete Frauengestalt schritt zum Bauplatz, befestigte eine Schnur an einem Stein und zog diesen in Richtung der Wiese. Alle anderen Steine folgten ihr. Ebenso verfuhr sie mit dem Holz. Daraufhin verschwand sie wieder. Als die Männer den anderen Dörflern von den nächtlichen wundersamen Ereignissen berichteten, beschlossen die Germershausener, die neue Kapelle an der Stelle der alten zu errichten.

Das Gnadenbild

Die „Maria in der Wiese" ist eine sitzende Holzmadonna aus dem 15. Jahrhundert. Die Gottesmutter hält in der rechten Hand ein Zepter und auf dem linken Arm das Jesuskind. Bis 1876 war die Statue bekleidet. Heute ist sie wieder in ihrem ursprünglichen Zustand zu sehen.

Oben: Die Kapelle

Links: Glasmalerei am Eingang zur Klausur

Es gibt keine Belege für eine Wallfahrt im Mittelalter. Eine erste Datierung findet sich auf einer Kirchenrechnung von 1678. Aktuell finden jährlich mehrere Wallfahrten zur Wiesen statt. Bei der „Großen Wallfahrt" am ersten Sonntag im Juli versammeln sich bis zu 15 000 Wallfahrer auf dem Platz um die Wallfahrtskirche, auf der ein Freialtar errichtet steht. Zur Eröffnung der Wallfahrtssaison findet eine „Kleine Wallfahrt" immer am letzten Sonntag im März statt, ferner gibt es die Frauenwallfahrt am ersten Sonntag im Mai und die Männerwallfahrt am ersten Sonntag im September.

Die Wallfahrt in Germershausen wird seit 1864 von den Augustinern betreut.

Die Augustiner in Germershausen

Die Gründung des nördlichsten Klosters der Augustiner in Deutschland im Jahr 1864 sollte den Mönchen den „Nachwuchs" sichern, denn es war dem Orden zu dieser Zeit in Bayern nicht mehr erlaubt, Novizen aufzunehmen. Im Eichsfeld, so der alte Name der hessischen Gegend um Duderstadt, boten die Augustiner daher ihre Dienste für die Seelsorge und Betreuung der Wallfahrt in Germershausen an. Während des Kulturkampfes mussten die Mönche Germershausen verlassen, durften aber 1887 wieder zurückkehren. In diesen Jahren wurde auch die neue Wallfahrtskirche errichtet.

Bis 1970 unterhielten die Augustiner auch eine Klosterschule, eine Art dreistufiges Gymnasium mit Internat, das auf die letzten Gymnasialjahre in Münnerstadt vorbereiten sollte. 1964/1965 erhielt die Schule einen Neubau, der 60 Schülern

Platz bot. Nachdem die Schule wegen Schülermangels geschlossen werden musste, standen die Gebäude leer. Bei Gesprächen zwischen dem Bistum Hildesheim, dem das Gebäude gehört, und der Augustinerprovinz keimte die Idee, dort eine Bildungsstätte für Erwachsene einzurichten. Diese wurde mit dem Namen Sankt Martin 1972 eingeweiht.

Das Kloster, in dem zurzeit fünf Mönche leben, versteht sich als geschäftiges pastorales Zentrum und etwas weniger als kontemplativer Ort der Besinnung.

Die Bildungsstätte Sankt Martin

Das Bildungshaus ist baulich mit dem alten Kloster verbunden und nutzt auch einige Räumlichkeiten (Klosterkirche, Vortragssaal), befindet sich aber schon nicht mehr auf dem Klostergelände und ist eine selbstständige Einrichtung. Der Direktor des Hauses ist immer ein Augustiner. Waren anfänglich nur Erwachsene Zielgruppe des Bildungsangebotes, liegt heute der

Schwerpunkt der Arbeit auf einem familiären Bildungskonzept sowie im Selbstverständnis eines „pastoralen Zentrums für die Diözese". Entsprechend breit gefächert sind die Themen des Jahresprogramms. Es reicht von EDV-Kursen, Arbeitsrecht und der Fortbildung für (ehrenamtlich) in der Gemeinde Tätige über Buchinger-Fasten, Kosmetik, Ayurveda, Konfliktmanagement, Kurse für Paare, Selbsterfahrung für Frauen, Väter-Kind-Wochenenden bis hin zu Familienerlebnissen wie der Naturzeit, Eltern-Adoptivkind-Treffen oder Ferienfreizeiten.

Das Haus bietet modern und praktisch eingerichtete Gastzimmer mit Vollpension sowie größere Räume für Veranstaltungen.

Das Gnadenbild „Maria in der Wiese" aus dem 15. Jahrhundert

Info

Augustiner-Chorherrenstift Sankt Florian
Stiftstraße 1
A-4490 Sankt Florian
Tel. 00 43 (0) 7224/8902-0
Fax 00 43 (0) 7224/8902-23
info@stift-st-florian.at
www.stift-st-florian.at

Angebot
Gottesdienste
Einkehrtage
Führungen
Orgelkonzerte
Florianwallfahrt
Bibliothek
Buchhandlung
Gästehaus
Gastronomie
Gärtnerei
Angelteiche
Vermietung der Prunkräume für festliche
   Veranstaltungen

Der heilige Florian starb als Märtyrer am 4. Mai 304, weil er sich weigerte, den römischen Göttern zu opfern. Nach Folterqualen wurde er in der Enns bei Lorch ertränkt. Die Witwe Valeria barg den ans Ufer gespülten Leichnam und beerdigte ihn an einer Stelle, die ihr in einer Vision offenbart worden war. An seinem Grab geschahen in der Folge viele Wunder, und schon bald lebten an dieser Stelle die ersten

Der Festsaal, zu Ehren des Landesherrn auch Kaisersaal genannt, zeugt von der Gunst, in der das Stift stand.

Mönche; über dem Grab wurde eine Kapelle oder Kirche errichtet. Jedenfalls gehen die Grundmauern der heutigen Basilika Sankt Florian bis auf das 4. Jahrhundert zurück.

Sankt Florian wird zum ersten Mal 819 in einem Codex erwähnt, und von einem Kloster wird in einer königlichen Urkunde von 888 gesprochen.

In den folgenden Jahrzehnten erhielt das Kloster einige Schenkungen zur Bildung einer wirtschaftlichen Grundlage. 1071 übergab Bischof Altmann von Passau das bestehende Kloster den Augustiner-Chorherren.

Wo sich das Grab des heiligen Florian tatsächlich befindet, konnte bisher nicht herausgefunden

Augustiner

Die Klosterkirche mit dem Deckengewölbe aus „böhmischen Kappen"

werden. Einigen Berichten zufolge wurde der Leichnam nach Rom überführt, einige Reliquien gelangten nach Krakau. Von diesem Krakauer Reliquienschatz erhielt das Augustiner-Chorherrenstift auf Betreiben des Propstes Johann Georg Wiesmayr 1736 einige Reliquien, die nun in Sankt Florian aufbewahrt werden. Weitere Florian-Reliquien befinden sich in der Kirche Sankt Lorenz in Enns-Lorch und in der Pfarrkirche in Aigen.

Stift Sankt Florian

Sankt Florian in der Nähe von Linz gilt als eine der größten und am vollständigsten erhaltenen barocken Klosteranlagen Österreichs. Propst David Fuhrmann (1667–1689) entschloss sich zur barocken Umgestaltung des gesamten Stiftes. Er beauftragte den Mailänder Baumeister Carlo Antonio Carlone, als dessen Hauptwerk Sankt Florian seither gilt. Nach Carlones Tod 1708 übernahm der Tiroler Jakob Prandtauer die Bauleitung. Hier holte er sich Anregungen und erwarb fachliches Können, das er später in Melk

weiter umsetzte. Vollendet wurde die Anlage nach Prandtauers Tod (1726) von Jakob Steinhuber und seinem Sohn Michael im Jahr 1751.

Eindrucksvoll ist die Stiftsbasilika, die durch die hoch gelegenen Fenster ein großer lichtdurchfluteter Raum ist. Die Decken, auch die der Seitenkapellen, des Presbyteriums und der Apsis, sind eingewölbt. Die Stuckdekoration spielt mit dem einfallenden Licht, wodurch vielfältige plastische Eindrücke durch Licht- und Schatteneffekte entstehen. Als erste Kirche nördlich der Alpen ist die gesamte Decke, mithin fast 5000 Quadratmeter, mit Fresken bemalt, die einen farbenprächtigen Kontrast zu den Stuckeffekten bilden. Die

Anton Bruckner (1824–1896), bekannter österreichischer Komponist und Organist, kam 1837 als Sängerknabe nach Sankt Florian. Nach dem Vorbild seines Vaters schlug er kurz darauf die Lehrerlaufbahn ein und kam 1845 als Hilfslehrer nach Sankt Florian zurück. Hier entwickelte er sich allmählich vom Lehrer zum professionellen Musiker. 1848 wurde er provisorischer Stiftsorganist, 1851 dann zum regulären Organisten ernannt. Nachdem Bruckner 1854 seine Organistenprüfung in Wien bestanden hatte, erhielt er Unterricht bei Simon Sechter, einem berühmten Musiktheoretiker seiner Zeit. 1855 übernahm Bruckner die Stelle des Domorganisten in Linz. Nun gab er endgültig den Lehrerberuf auf und widmete sich nur noch der Musik. Als Bruckner 1896 in Wien starb, wurde er gemäß seinem letzten Willen einbalsamiert und nach Sankt Florian überführt. Sein Grab befindet sich in der Stiftskirche unmittelbar unter der Bruckner-Orgel.

Fresken zeigen das Martyrium des heiligen Florian und Szenen der Verherrlichung Marias.

Besondere Prunkstücke sind das Treppenhaus im Prälatentrakt, das zu den bekanntesten der Barockzeit in Österreich gehört, der Marmorsaal oder Kaisersaal im Südtrakt und die Bibliothek mit ihrem reichen Schatz an mittelalterlichen Handschriften und Inkunabeln. Einzigartig ist der Nachlass des Orientalisten Rudolf Geyer, den die Bibliothek im Jahr 1930 erwarb. Die Krypta ist der älteste Raum des Stiftes mit noch erhalte-

Augustiner-Chorherren in Österreich

1065 erhielt der heilige Altmann den Bischofssitz in Passau. Hier gründete er um 1070 das Chorherrenstift Sankt Nikola. Dieses Stift wurde Mutterkloster für viele andere Stifte in der Alpenregion. Die Augustiner-Chorherrenstifte Neustift bei Brixen, Klosterneuburg, Reichersberg am Inn, Sankt Florian, Vorau und Herzogenburg wurden 1907 in der Österreichischen Kongregation zusammengefasst.

nen romanischen und gotischen Elementen. Hier befindet sich auch der Steinsarg der Klausnerin Wilberg, die in ihrer Klause neben dem Stift 41 Jahre lang eingeschlossen war und – wie eine Heilige verehrt – 1289 starb. Sie ist eine der Schutzpatroninnen des Klosters.

Besuch in Sankt Florian

Einer der Schwerpunkte der Arbeit der Augustiner in Sankt Florian ist die Musik. Die Schule hat namhafte Organisten, Komponisten und die Florianer Sängerknaben hervorgebracht, die als Chor schon bei der Gründung 1071 existierten. Für die Jungen gibt es ein Internat. Sie werden sehr professionell – ähnlich wie die Wiener Sängerknaben – betreut und treten weltweit mit Konzerten auf. Ein besonderer Genuss ist es, sie am Stammsitz in Sankt Florian zu hören. Kurze Orgelkonzerte und Gottesdienste finden täglich statt, Führungen durch das Stift ebenso. Das Gästehaus bietet Einzelreisenden und Gruppen eine Unterbringungsmöglichkeit für „Stille Tage" an, ebenso gibt es ein Raumangebot für eigene Veranstaltungen und Seminare, die professionell ausgerichtet werden.

Das Sommerrefektorium

Die Versuche der Klöster, sich im 11. Jahrhundert aus den politisch-rechtlichen Verbindlichkeiten des Reiches zu lösen, führten nicht nur bei den Benediktinern zu Reformen, sondern es entstanden auch neue Gemeinschaften, wie die Kamaldulenser oder die Zisterzienser, die nur eines wollten: zurück zu den benediktinisch-klösterlichen Ursprüngen, was letztlich zu eigenen Ordensgründungen führte.

1098 zog Abt Robert von Molesme mit einigen seiner Mönche aus seinem Kloster in die Einöde nach Citeaux, um wieder ein einfaches mönchisches Leben nach der Benediktregel zu führen. Die Gruppe wollte von ihrer Hände Arbeit leben und lehnte die Prachtentfaltung und überbordende Liturgie bei Messen und Prozessionen, wie sie z. B. im nahen Cluny üblich war, ab. Unter den Äbten Alberich von Citeaux und Stephan Harding wuchs die Gemeinschaft weiter und mit Hardings *Charta caritatis* erhielt die Gemeinschaft nicht nur eine Verfassung, sondern sie wurde auch 1119 von Papst Kalixt II. anerkannt, womit

sie als neuer Orden, benannt nach dem Ort des ersten Klosters (Zisterzienserorden bzw. Ordo Cisterciensis/OCist), bestätigt wurde. Ebenso wurden die Zisterzienser von weltlicher und bischöflicher Einmischung befreit; sie – und somit auch alle ihre Neugründungen – unterstanden direkt dem Papst.

Körperliche Arbeit gehört nach wie vor zum Alltag der Zisterzienser in Marienstatt. Im Hintergrund ist das Brauhaus zu sehen.

Nun konnten sich die Mönche wieder ganz ihrer eigenen Spiritualität widmen, fernab von Kulturarbeit, Schuldienst und Seelsorge, und wieder zu den einfachen Klosterregeln zurückkehren. Die Zisterzienser bevorzugten daher für ihre Neugründungen abgeschiedene Regionen, fernab von Siedlungen. Da sie alles Lebensnotwendige selbst erwirtschaften wollten, siedelten sie sich gern in wasserreichen Tälern an, um Mühlen, Schmieden und Fischzucht zu betreiben. Mit der Urbarmachung von Land für die Weidewirtschaft, mit dem Schlagen von Holz als Baumaterial und Feuerholz leisteten sie entgegen ihrer Absicht wahre Pionierarbeit. Doch um wirklich alles Lebensnotwendige zu erwirtschaften, war das Pensum an Gebeten und Messen immer noch zu groß, um in der Einöde überleben zu können. Der Orden griff daher auf das von einigen Benediktinerklöstern eingeführte Konversenamt (Laienbrüder, in der Regel ohne Priesteramt) zurück und vervollkommnete es.

Baulich orientierten sich die Klöster weiterhin an der benediktinischen Regel: Alle Gebäude und Gewerke wurden innerhalb der Klostermauern angesiedelt. Allerdings gibt es bei zisterziensischen Klöstern einige Besonderheiten. Auch hier findet das Armutsideal Ausdruck, besonders bei der Innenausstattung, z.B. der Kirche, die schlicht und einfach (ohne figürlichen und ornamentalen Schmuck) gehalten wurde, um nicht von der Andacht, der Kontemplation, abzulenken. Da die Kirchen ursprünglich nur Klosterkirchen waren, bedurften sie keiner optischen und räumlichen Unterteilung für Mönche und Gemeindemitglieder. Weiterhin fehlen Krypta und Turm. Da die Zisterzienser jede Gebetspflicht oder Messstipendien für Ordensfremde ablehnten, brauchten sie anfänglich auch keine Grablege für Stifter, Bischöfe oder Adelige. Und schließlich brauchten sie auch keinen Glockenturm, da niemand von weither zur Messe gerufen werden musste. Als Einziges ziert ein kleiner Dachreiter den Giebel einer zisterziensischen Klosterkirche. Auch wenn die burgundische

Gotik als Bauform bei vielen Klöstern übernommen wurde, fehlt doch jeglicher Schmuck an den Fassaden. Auch verzierte Kapitelle (nur Pflanzenmotive) oder farbige Fenster waren nicht gestattet. Die Zisterzienser entwickelten eine eigene, einfarbige Glasmalerei, bei der die Umrisse von pflanzlichen Ornamenten durch schwarze Linien betont wurden.

Durch Gewölbe wurden die Kirche, der Kapitelsaal und das Refektorium der Patres als besondere Räume hervorgehoben. Gegen-

Chorgebet in Marienstatt

über dem Refektorium lag immer das Brunnenhaus, sodass sich die Mönche vor dem Essen waschen konnten.

Zisterzienserinnen

Info

Zisterzienserinnenabtei Sankt Marienstern
Cisinkistraße 35
D-01920 Panschwitz-Kuckau
Tel. 03 57 96/994-31
Fax 03 57 96/994-33
kloster@marienstern.de
www.marienstern.de

Angebot

Messe und Gebet
Führungen durch Kloster und Schatzkammer
Tage der Stille
Fastenkurse
Lehrgarten
Gästehaus
Klosterladen
Gastronomie
Wallfahrt

Bei einer Jagd verirrte sich Ritter Bernhard III. von Kamenz (der spätere Bischof von Meißen) in einem Sumpf und drohte im tiefen Morast zu versinken. In seiner Not rief er Maria um Hilfe an und versprach ihr im Falle seiner Rettung die Stiftung eines Klosters. Daraufhin ist ihm im Morgenstern die Gestalt Mariens erschienen, und zeitgleich mit dieser Vision hatte Bernhard wieder festen Boden unter den Füßen. So jedenfalls lautet die Gründungslegende um das Kloster Sankt Marienstern, das 1248 zuerst in einem Spital von Kamenz eingerichtet wurde. Später ließ Bernhard eine Klosteranlage in Kuckau errichten und stattete das Kloster mit umfangreichem Landbesitz aus.

Sankt Marienstern

Das Kloster wurde 1264 in den Zisterzienserorden aufgenommen. Die Abtei ist eines der wenigen Klöster in Deutschland, die nie geschlossen wurden. Bis ins 19. Jahrhundert war Sankt Marienstern einer der größten Grundbesitzer mit 60 Dörfern und zwei Städten in der Oberlausitz.

Die Lausitz ist seit dem 7. Jahrhundert Stammgebiet der Sorben, die sich bis heute eine eigene Sprache und Kultur bewahren konnten, da sie in der Region die Mehrheit der Bevölkerung stellen. Da das ehemalige Klosterland immer katholisch geprägt war, blieben hier sorbische Traditionen besonders lebendig, und die Beziehung zum Kloster ist auch nach der Abschaffung der Grundherrschaft im 19. Jahrhundert erhalten geblieben.

Rosenthal

Besonders eng zeigt sich noch heute die Verbindung zur sorbischen Kultur in der Wallfahrt nach Rosenthal. Hierher, in diesen kleinen, rund 7 Kilometer von Sankt Marienstern entfernten Ort, ziehen zu den Marienfesten, an den Ostertagen, Pfingsten und zu weiteren besonderen Anlässen unzählige Prozessionen der katholischen Sorben in traditioneller Tracht, mit Figuren und Fahnen.

Der Klosterladen bietet u. a. Kinderbücher, Kruzifixe und die verschiedensten Kerzen.

Rosenthal entwickelte sich im 11. Jahrhundert zu einem Ort der Marienverehrung: Ein Ritter namens Lucian von Zerna soll einer geheimnisvollen Frau nachgeritten sein, die ihn zu einer einsamen Linde führte und dann verschwand. Zurückgeblieben war jedoch ein Madonnenbild, das zuerst Aufnahme in einer dort errichteten Kapelle fand und schnell von der Bevölkerung verehrt wurde. Das Madonnenbild ist eine spätgotische Holzfigur mit Kind auf dem einen Arm. Auf dem Kopf trägt die Gottesmutter einen Kranz aus Rosen, und in der anderen Hand hält sie eine Birne.

In der Administratur (außerhalb des Frauenklosters) lebten ab 1718 zwei Zisterziensermönche, die die Wallfahrt betreuten, denn das durften die Frauen nicht selbst. Seit 2007 leben keine Mönche mehr in Rosenthal. Die Äbtissin Clara Trautmann von Sankt Marienstern ließ 1778 die Wallfahrtskirche, wie sie noch heute zu sehen ist, bauen.

Umbau und Erneuerung

Das barocke Zeitalter ist auch an Sankt Marienstern nicht spurlos vorbeigegangen. Äbtissin Cordula Sommer ließ die Klosteranlage in den Jahren 1716 bis 1732 barock umgestalten. Besonders die Außenfassaden der Anlage wurden barockisiert, während die gotische Architektur im Inneren, besonders in der Kirche, noch immer beherrschendes Element ist und den mittelalterlichen Raumeindruck vermittelt.

Die spätgotische Hallenkirche des Klosters wurde in den 1960er Jahren umfassend renoviert. Leider ist heute von der ursprünglichen Einrichtung nichts erhalten, sodass beim Interieur Spätgotik, Barock und Neugotik bei den Altären und dem Chorgestühl dominieren.

Eine umfassende Erneuerung der übrigen Klosteranlage folgte in den Jahren 1966 bis 1998, dem Jahr der 750-Jahr-Feier des Klosters. Ein Jahr darauf wurde die Schatzkammer im Bernhardhaus eröffnet, in der rund 250 Kunst-

Die Klosterpforte öffnet sich für neue Wege.

Zisterzienserinnen

werke vom Mittelalter bis ins 19. Jahrhundert ausgestellt sind, u. a. Teile des wertvollen Reliquienschatzes des Klosters, wie z. B. eine byzantinische Staurothek (ein Reliquiar mit einem Partikel des Heiligen Kreuzes) aus der Zeit um 1100 und zwei Kopfreliquiare mit Reliquien von Johannes dem Täufer und dem Apostel Jakobus dem Älteren.

Ein Leben für die Erziehung

1826 richteten die Zisterzienserinnen eine Mädchenschule mit Internat ein, die während des Zweiten Weltkrieges geschlossen werden musste. 1973 dann ein neuer Anlauf: Im Südflügel, einem Teil der Klausur, wurde das Maria-Martha-Heim für geistig und mehrfach behinderte Mädchen eingerichtet. In der ehemaligen Brauerei und den Scheunengebäuden entstanden weitere Wohn- und Pflegeheime für Behinderte mit einer angeschlossenen Förderschule und Werkstatt.

Auch Gäste können in anderer Form am „Lehrbetrieb" teilnehmen. Rückzugsmöglich-

keiten bieten die „Stillen Tage" nach persönlicher Absprache. Offen für alle Interessierten sind die Fastenwochen in Form von Saftkuren nach Buchinger für Gesunde (auch für Männer), die in Kombination mit Wanderungen, Yoga und Meditation angeboten werden. Auch am kreativen Angebot der Werkstätten (z. B. Töpfern) oder an Entspannungsritualen wie Massage, Shiatsu oder Klangschalenmeditation können Fastenwillige teilnehmen.

Im Klostergarten, der zu einem Ernährungs- und Kräuterzentrum ausgebaut worden ist und vom

Christlich-Sozialen Bildungswerk Sachsen betrieben wird, werden nicht nur während der Sommersaison Führungen angeboten, sondern es finden auch Projekttage und Seminare statt.

Kurzzeitbesucher können die öffentlich zugänglichen Gebäude wie Kirche, Klostergarten und Schatzkammer besichtigen und sich im Klosterstübel eine wohlverdiente Ruhepause gönnen. Sankt Marienstern liegt auf dem Weg der Via Regia, dem Ökumenischen Pilgerweg, der 2003 zwischen Görlitz und Vacha eingerichtet wurde und noch weiter ausgebaut wird. Also sind auch Pilger im Gästehaus immer willkommen.

Info

Zisterzienserkloster Bochum-Stiepel
Am Varenholt 9
D-44797 Bochum
Tel. 0234/777 05-0
Fax 0234/777 05-18
kloster.stiepel@bistum-essen.de
www.kloster-stiepel.de

Angebot

Messe und Gebet
Einkehrtage
Exerzitien
Kloster auf Zeit (für Männer)
Klosterführung
Konzerte
Vorträge
Klosterladen
Gastronomie
Wallfahrt

Seit dem 15. Jahrhundert wird im Bochumer Süden (Stiepel) ein Gnadenbild der „Schmerzhaften Mutter von Stiepel" verehrt.

Das Hofgut Stiepel war ein Geschenk Kaiser Ottos III. an Imma, Gräfin von Stiepel, die hier 1008 eine Kirche „zu Ehren der seligen Jungfrau Maria" errichten ließ. Wann die ersten Wallfahrer zu diesem Ort pilgerten, ist nicht urkundlich belegt, wohl aber die offizielle Anerkennung als Wallfahrtskirche durch einen Indulgenzbrief

von Papst Bonifatius VIII. im Jahr 1294. Die Muttergottesstatue, die heute noch zu sehen ist, ist eine spätgotische Arbeit aus dem 15. Jahrhundert, die zu dieser Zeit auch das ursprünglich vorhandene Gnadenbild abgelöst haben muss. Die Holzskulptur hat eine Höhe von 67 Zentimetern und zeigt Maria in sitzender Haltung frontal zum Betrachter. Ihr Gewand ähnelt einem Ordenshabit aus der damaligen Zeit. Ihr leicht nach links geneigter Kopf schaut über den Oberkörper ihres toten Sohnes hinweg, der auf ihren Knien liegt. Mit ihrer rechten Hand stützt sie den Nacken, mit der linken Hand berührt sie die Hände ihres Sohnes, die gekreuzt auf dem Lendentuch liegen.

Diese Statue, ehemals Gnadenbild der alten Stiepeler Dorfkirche, stand bis 1820 an seinem angestammten Platz, obwohl die Kirche um das Jahr 1600 protestantisch geworden war. Nach 1820 wurde sie verschenkt und trat eine 100-jährige Odyssee an.

Eine neue Wallfahrtskirche

Zum 900-Jahr-Jubiläum der alten Dorfkirche im Jahr 1908 erschien in der Paderborner katholischen Kirchenzeitung „Leo" ein Artikel, in dem nach dem Verbleib des alten Gnadenbildes gefragt wurde. Tatsächlich tauchte es daraufhin wieder auf.

Schon 1914/1915 wurde dafür in Stiepel eine neue Wallfahrtskirche errichtet. Es ist ein neugotischer Bau mit sternförmigem Grundriss.

Ein junges Kloster

Auf Initiative des ersten Bischofs der Diözese Essen, Kardinal Franz Hengstbach, gründeten die Zisterzienser vom Stift Heiligenkreuz bei Wien 1988 an der Wallfahrtskirche Sankt Marien in Stiepel eine Niederlassung – die erste seit 661 Jahren in der Geschichte von Heiligenkreuz. Für diese Gründung wurde ein vollständig neuer Klosterbau nach dem Grundriss eines Zisterzienserklosters notwendig: Im Süden der Kirche befindet sich das Klostergebäude mit seinem

Die neu gestaltete Kirche (links) mit dem Chorgestühl für die Mönche (rechts).

Kreuzgang, der die Regularräume wie Bibliothek, Kapitelsaal, Rekreation, Refektorium und angrenzende Küche sowie Gästespeisesaal miteinander verbindet.

Mit ihrem kleinen Dachreiter als Fingerzeig nach oben blieb jedoch die Kirche das sichtbare Zentrum der in architektonischer Harmonie ab 1988 errichteten Klosteranlage der Zisterzienser. Die neugotische Kirche wird vom Klostergebäude, dem Pfarrheim mit dem „Klosterhof", einem für die Wallfahrt eingerichteten Restaurant, der Pilgerhalle mit dem Klosterladen und von hochragenden Bäumen der Außenanlage mit Marienweg, Kreuzweg und Klosterfriedhof eingerahmt. Durch das Glockentor mit seinen fünf im Jahr 1992 geweihten Glocken (d' – c' – fis' – a' – h') bzw. über eine breite Treppe betreten die Besucher den Wallfahrtsplatz mit dem Freialtar aus Ruhrsandstein und dem monumentalen Holz-

kreuz, das von einer stilisierten Dornenkrone geschmückt wird. Dominierend in Höhe und baulicher Priorität ist die Wallfahrtskirche mit ihrem sternförmigen Grundriss die sichtbare Mitte der Anlage, um die sich die übrigen Gebäude reihen.

Im Jahr 2007 erfolgte eine grundlegende Innenrenovierung der Kirche und zugleich eine Erwei-

terung ihres Chorraumes durch den Bochumer Architekten Rainer Hedtfeld, ohne dass die denkmalgeschützte Bruchsteinfassade der Kirche angetastet wurde. In Zusammenarbeit mit dem Zisterziensermönch Frater Raphael Wilfried Statt, der als akademischer Bildhauer und raumgestaltender Künstler eine erste Raumskizze dafür erstellte und später den neuen drehbaren Ambo, die Sedilien, das 24 Plätze umfassende Chorgestühl und die beiden darüber befindlichen Christus-Fenster entwarf, entstand eine ungeahnte Weite im Altarraum, die die vorherige Gestaltung vermissen ließ, denn 1989, kurz nach der Klostergründung, war zwischen Altar und Tabernakel ein provisorisches Chorgestühl gezwängt worden, das den Altarraum verstellte.

Zur neuen Großzügigkeit des Raumes trug nicht zuletzt die dezente farbliche Gestaltung des ganzen Kirchenraumes bei, durch die Architekt Rainer Hedtfeld die von Walter Klocke (Gelsenkirchen) 1953/1954 gestalteten Kirchenfenster in ein neues Licht setzte; auch die übrigen älteren

neugotischen Rosetten aus der Bauzeit der Kirche und nicht zuletzt die kleinen Spitzbogenfenster der „rosa mystica" von Egon Stratmann im Eingangsbereich der Kirche aus dem Jahr 1978 haben dadurch gewonnen. Durch Licht und partielle Blattvergoldung wurden der 1994 von Karl-Heinz Urban geschaffene Kreuzweg (mit 15 Stationen) wie auch die Marien- und die 2006 geschaffene Taufbrunnennische in eine optische Verbindung zum Altarraum gebracht. Diesen schmückt seither ein wertvolles Altarkreuz aus dem 16. Jahrhundert, das dem Kloster gestiftet wurde.

Beeindruckende moderne Kunstwerke des Berchtesgadener Bildhauers Alfred Essler zieren die Außentüren der Kirche mit der Verkündigungsgruppe beim Hauptportal (1976) und der Flucht nach Ägypten beim Seitenportal (1980). Von ihm stammen auch die beeindruckende Kuppel des Taufbrunnens „Neue Schöpfung" (1985) wie der dazu angefertigte Osterkerzenständer mit dem auferstandenen Christus.

Zisterzienser

Geistliches Zentrum

Das Zisterzienserkloster Stiepel versteht sich als eine geistliche Oase. Gäste sind zu Einzelexerzitien, Einkehrtagen oder „Kloster auf Zeit" willkommen. Neben der Teilnahme an der heiligen Messe und dem Chorgebet der Mönche können Besucher bei einer Klosterführung einen kleinen Einblick in den Klosteralltag bekommen.

Außerdem werden regelmäßig Konzerte im Rahmen der Konzertreihe „Marienlob" (siehe Homepage) und Vorträge zu aktuellen Glaubens- und Lebensfragen in der akademischen Vortragsreihe „Auditorium Kloster Stiepel" veranstaltet. Pilger kommen das ganze Jahr über nach Stiepel. An jedem 11. eines Monats findet zusätzlich die sogenannte Monatswallfahrt statt, an deren Ende das „Stiepeler Mariengebet" gesungen wird. Während der Wallfahrtszeit von Mai bis Oktober wird jeden Mittwochnachmittag eine Wallfahrtsmesse gefeiert, und es gibt eine eucharistische Andacht. Die Gastronomie „Klosterhof" lädt ein, sich gutbürgerlich bewirten zu lassen, und im

Klosterladen werden neben Devotionalien, Büchern und Kerzen auch der Klosterlikör „Benedictustropfen" sowie die Weine aus der österreichischen Mutterabtei Heiligenkreuz angeboten.

Der Wallfahrtsplatz mit Kirche und Kloster. Der Freilichtaltar befindet sich genau gegenüber, quasi hinter dem Betrachter.

Info

Zisterzienserabtei Marienstatt
57629 Marienstatt
Tel. 026 62/9535-0
Fax 026 62/9535-111
kontakt@abtei-marienstatt.de
www.abtei-marienstatt.de

Angebot

Gottesdienst und Gebet
Klosterführungen
Kunstführungen
Autorenlesungen
Konzerte
Gästehaus
Buch- und Kunsthandlung
Brauerei mit Biergarten
Wallfahrt

Die riesigen Messbücher werden nach wie vor verwendet.

1212 stiftete der Kölner Graf Eberhard von Aremberg mit seiner Gemahlin Adelheid von Molsberg an der Kleinen Nister bei Kirburg ein Kloster, das mit Mönchen der Zisterzienserabtei Heisterbach besiedelt wurde. Der Standort stellte sich aber schon bald als ungenügend für einen Klosterbetrieb heraus und die rechtliche Situation der Schenkung wurde angefochten, sodass es schon 1222 zur Umsiedlung auf ein Grundstück an der Großen Nister kam, das Graf Heinrich von Sayn den Zisterziensern schenkte. In einem Traum zeigte die Gottesmutter Maria dem damaligen Abt Hermann durch einen mitten im Winter blühenden Weißdornstrauch die Stelle für den Klosterbau an. Daher auch der Name des Klosters: Stätte Mariens – Marienstatt. Ein bildliches Zeugnis dieser Legende liefern die Marienstatter Tafeln von 1324, die heute im Landesmuseum Bonn ausgestellt sind.

Das neu entstandene Kloster entwickelte sich schnell zu einer blühenden Abtei, die weiter wuchs, da der Adel sie mit großzügigen Schenkungen bedachte und sie als Grabstätte wählte. Im Gedenken an die Gründungslegende führt die Abtei Marienstatt bis heute einen Weißdornzweig in ihrem Wappen.

Pest, Reformation und Dreißigjähriger Krieg brachten Krankheit und Tod, Zerstörung, Plünderung und Rechtsstreitigkeiten mit sich. Erst mit Ende des Dreißigjährigen Krieges kamen unter den Äbten Benedikt Bach (1688–1720) und Petrus Emons (1734–1751) innerer Frieden und äußerer Wohlstand zurück. Die umfassende Ba-

Links und rechts: Wer könnte sich der christlichen Symbolik des fruchtbaren Bodens und der erwachenden Natur entziehen?

rockisierung, der Marienstatt seine heutige, schlossartige Gestalt verdankt, wurde etwa 1747 mit der Vollendung der neuen Klostergebäude abgeschlossen.

Neue Besitzer

Mit der Säkularisation ging Marienstatt 1802 in den Besitz der Grafen von Nassau-Weilburg über, und die Mönche mussten das Kloster räumen. Der Limburger Bischof Blum kaufte die leer stehenden Gebäude 1864 und richtete eine Erziehungsanstalt ein. 1888 konnten die Zisterzienser der Abtei Wettingen-Mehrerau bei Bregenz die Klostergebäude neu erwerben und wieder mit Mönchen besiedeln. 1909 wurde der Klosterbau um einen Bibliotheksflügel erweitert, der heute mit rund 90 000 Bänden zu den Kostbarkeiten der Abtei gehört. 1910 eröffneten die Mönche eine Oblatenschule, die im Laufe der Jahrzehnte umgestaltet wurde und heute als Gymnasium in der Trägerschaft der Abtei Marienstatt weiter besteht. Die letzte Modernisierung der Schulgebäude fand 1995 statt.

Gotische Klosterkirche

An der Klosterkirche, deren ursprüngliche Bausubstanz (Ende des ersten Bauabschnitts um 1250) erhalten ist, sind schon alle Elemente der Gotik vorhanden: Spitzbogen, Strebepfeiler und Kreuzrippengewölbe. Sie ist eine der ersten gotischen Kirchen im rechtsrheinischen Raum. Das Marienstatter Gotteshaus übernimmt in seiner Konzeption die Bauvorschriften der Zisterzienser, die auf Türme verzichten. Nur ein Dachreiter war

für die Aufnahme von ein bis zwei Glocken vorgesehen; die Innenausstattung ist bei Verputz und Farbgebung sowie bei dekorativen Elementen schlicht gehalten. Anstelle bunter Glasfenster bevorzugten die Zisterzienser Grisaille-Fenster (frz. gris = grau), eine Technik, die sich eines floralen oder ornamentalen Bleinetzes bedient und die Glaselemente weiß, hellgelb, silbergrau und grünlich-grau färbt. Sparsam sind Farben wie Schwarz oder Dunkelbraun eingesetzt.

Über dem Eingangsportal zeigt das aktuelle päpstliche Wappen an, dass die Kirche 1927 zur Basilica minor erhoben worden ist.

Beachtenswert an der Ausstattung sind der steinerne, frühgotische Hochaltar aus der ersten Hälfte des 13. Jahrhunderts, das Chorgestühl von 1290, das noch regelmäßig zum Chorgebet der Mönche genutzt wird, und das Ursularetabel von 1350, das zusammen mit dem Klarenaltar des Kölner Doms und dem Oberweseler Goldaltar zu den größten und schönsten Flügelaltären

Zisterzienser

im Rheinland zählt. Aus barocker Zeit stammen die drei großen Altäre an der südlichen Kirchenwand; sie sind Arbeiten aus der berühmten Hadamarer Schule.

Die Wirtschaft der Zisterzienser

Neben den kirchlichen Angeboten wie Messe, Gebet und Beichtseelsorge sind die Mönche auch in vielen anderen Bereichen tätig. Zu ihrem Jahresprogramm gehören Autorenlesungen ebenso wie Kunstführungen und Konzerte. Tage der Besinnung und Gastaufenthalte im Gästehaus sind ebenfalls möglich.

Die Zisterzienser unterhalten heute nicht nur ein Gymnasium, sondern seit 2004 auch wieder eine Bierbrauerei mit Gastronomie und großem Biergarten. Das Bierbrauen geht auf eine Tradition von 1457 zurück.

Eine Besonderheit ist das moderne Turbinenhaus, das umweltfreundliche Energie aus Wasser und Sonne für das Kloster erzeugt.

Wallfahrt zum Gnadenbild Mariens

In Marienstatt wird seit dem 15. Jahrhundert ein Vesperbild, die Pietà (1425), verehrt. Seit dieser Zeit ist auch die Öffnung der Klosterkirche für Laien an bestimmten Tagen zur Gewinnung von Ablässen nachgewiesen. Auch heute noch pilgern viele Menschen zum Marienstatter Gnadenbild. Seit einigen Jahren gibt es zwischen dem Kloster Marienstatt und dem ehemaligen Kloster Marienthal an der Sieg, das ein Marien-Gnadenbild

Das barocke Treppenhaus wird als das Lebenswerk des Hadamarer Laienbruders Christian Schmitt verstanden, der an dem Eichengebälk rund 40 Jahre geschnitzt haben soll. Auf den Pfosten halten Löwen jeweils ein Wappen: jenes von Bernhard von Clairvaux und den Marienstatter Weißdorn. Die Treppe führt in den Klausurbereich.

aus dem Jahre 1460 beherbergt, wieder einen Pilgerwanderweg. Er folgt den Spuren eines alten Pfades, der auf den Beginn des 16. Jahrhunderts zurückgeht, als die Marienstatter Mönche die Wallfahrt in Marienthal mitbetreuten.

Info

Kloster Maulbronn
Klosterhof 5
D-75433 Maulbronn
Tel. 07043/9266-10, Fax 07043/9266-11
info@kloster-maulbronn.de
www.kloster-maulbronn.de
Kontakt für geistliche Angebote:
Tel. 07043/9546-24, Fax 07043/9546-71
ev.klosterpfarramt.maulbronn@t-online.de

Angebote

Geöffnete Klosterkirche
Mittagsgebet
Vesper
Schweigemeditation
Ökumenisches Abendgebet
Sonntagsgottesdienst
Sonderveranstaltungen
Seminare

Natürlich gehört zu einem berühmten Ort auch eine Gründungslegende. In Maulbronn geschah Folgendes: Auf der Suche nach einem geeigneten Platz für ihr Kloster beluden die Mönche ein Maultier mit einem Sack voller Geld, gaben ihm einen Segensspruch und einen Rutenhieb mit auf den Weg und folgten ihm dann in gebührendem Abstand. Als das Maultier Durst hatte, blieb es an einer Quelle stehen, trank und wollte nicht mehr weiter. Die Mönche sahen dies als göttliches Zeichen, und da der Ort alle Bedingungen für eine Klosteranlage erfüllte, entstand an dieser Stelle Maulbronn. An diese Legende erinnert das Wappen des Klosters, und in der Brunnenkapelle ist diese Szene bildlich im Gewölbe dargestellt.

Links: Vom Paradies (Narthex) aus betritt der Gläubige durch dieses Portal die Klosterkirche. Besonderes Merkmal der Flügeltüren: Sie sind mit Leder bezogen.

Nächste Seite: Die Anlage von Maulbronn, der größten erhaltenen nördlich der Alpen, befindet sich einem guten Erhaltungszustand.

Historisch verbürgt ist dagegen, dass Ritter Walter von Lomersheim von den Gedanken Bernhards von Clairvaux begeistert war und nun in seiner Heimat, auf seinem Gut Eckenweiher, ein Zisterzienserkloster gründen wollte, um dort in mönchischer Abgeschiedenheit den Rest seines Lebens zu verbringen. 1138 traf auf seinen Wunsch hin ein Gründungskonvent mit seinem Abt Dieter aus dem Kloster Neuburg im Elsass ein. Es stellte sich jedoch heraus, dass Eckenweiher aus Mangel an Baumaterial und vor allen Dingen Wasser für ein Kloster ungeeignet war. Bischof Gunther von Speyer, um Hilfe gebeten, besuchte den Konvent in Eckenweiher und versetzte die Mönche 1147 nach Maulbronn, einem Lehen seines Bistums.

Maulbronn erfüllte alle Bedingungen: Es lag abgeschieden in einem Tal, genügend Wasser für Fischzucht, Brauerei und andere Gewerke war vorhanden. Das Land musste urbar gemacht werden, und das Klima war mild, was Weinbau und Maulbeerbaumzucht ermöglichte.

Eine der Theorien führt zu den Mönchen nach Maulbronn. Um das Verbot, freitags und in der Fastenzeit Fleisch zu essen, zu umgehen, sollen die Mönche klein gehacktes Fleisch in Teigtaschen versteckt haben, denn so könne der liebe Herrgott dieses von oben ja nicht sehen. Gott soll bei diesem Betrug wohl beide Augen zugedrückt haben. „Herrgottsbescheißerle" ist seit daher auch ein sprichwörtlicher Name für die Maultaschen.

Zeitreise in die Vergangenheit

In den rund 400 Jahren, in denen die Zisterzienser in Maulbronn wirkten, bauten sie eine Klosteranlage auf, die aufgrund ihres Erhaltungszustands nördlich der Alpen einmalig ist. Auch wenn das Kloster mit der Reformation säkularisiert worden ist und heute keine Mönche mehr im Kloster leben, sind doch fast alle Bauten erhalten und geben somit einen Eindruck von der Kulturleistung der Zisterzienser. Die Anlage beherbergt innerhalb der geschlossenen Klostermauer zurzeit Restaurants, das Rathaus, die Polizei, weitere Abteilungen der Stadtverwaltung und ein Gymnasium, aber als Kloster-Ensemble hat Maulbronn wie in einem Dornröschenschlaf die Jahrhunderte überdauert. Aus diesem Grund gehören Maulbronn und Teile der Wasserwirtschaftsanlagen in der Umgebung seit 1993 zum UNESCO-Weltkulturerbe.

Wasser für die Zisterzienser

Wasser war den Zisterziensern nicht nur als Trinkwasser und Alltagsgut wichtig, sondern für viele andere Bereiche monastischen Lebens. Die Autonomie des Klosters verlangte, dass die Mönche fernab der Zivilisation für ihren Lebensunterhalt viel härter arbeiten mussten als andere Orden, die sich in der Nähe von Ortschaften ansiedelten. Die Zisterzienser hatten ein ausgeklügeltes System der Wasserwirtschaft entwickelt, indem sie zur Urbarmachung von Feuchtwiesen und Sumpflandschaften in den Tälern Gräben und Kanäle anlegten, die einerseits das Land trockenlegten und für Land- und Viehwirtschaft nutzbar machten, andererseits das Wasser in künstliche Stauseen leiteten, sodass es bei Bedarf zur Bewässerung genutzt werden konnte. Außerdem brauchten sie Wasser für die Fischzucht, die Mühle, die Kelterei, die Küche, Stallungen, Latrinen und zur Abfallbeseitigung.

1178 erfolgte die Weihe der Kirche. Das gotische Gewölbe wurde erst nachträglich eingezogen.

Zisterzienser

Mit der Einrichtung von Maulbronn und weiterer Standorte als Klosterschule und Evangelisches Seminar gab es in Württemberg erstmals so etwas wie eine akademische Laufbahn für Theologen. Hier wurde den Zöglingen der Weg zur Universität geebnet. Die Schulfächer der Absolventen umfassten beispielsweise Latein, Griechisch, Hebräisch, Französisch, Poetik, Logik und Rhetorik, Geschichte, Mathematik und Metaphysik. Berühmte Absolventen der Maulbronner Seminare waren u. a. Johannes Kepler, Friedrich Hölderlin, Georg Herwegh und Hermann Hesse.

Von der Romanik zur Gotik

Dem Fleiß der Mönche war es zu verdanken, dass Maulbronn in wenigen Jahrzehnten seit seiner Gründung einen wirtschaftlichen und geistigen Aufschwung nahm und die Bauarbeiten an den Klostergebäuden zügig voranschritten. Die Höhe der Einnahmen des Klosters konnte man an der Größe des Fruchthauses, in dem sowohl eigene Produkte als auch der Zehnte eingelagert wurden, ablesen. 1178 war die romanische, dreischiffige Basilika fertiggestellt. Die weiteren Bauten zeigen frühgotische Merkmale wie das Paradies (Vorhalle der Kirche 1210/1220), der südliche Kreuzgang, das Laienrefektorium, das Herrenrefektorium (1220/1225) und das Frühmesshaus. Im gotischen Stil wurden dann der Kreuzgang und die Brunnenkapelle (14. Jahrhundert) vollendet. Die romanische Kirche erhielt zu Beginn des 15. Jahrhunderts nachträglich gotische Maßwerkfenster. Weitere Gebäude wie die Mauer, der Kapitelsaal, das Parlatorium und das Oratorium wurden im Verlauf des Jahrhunderts fertiggestellt.

Das Ende der Zisterzienser

1504 erfolgt eine einschneidende Zäsur in der Klostergeschichte. Mit der Eroberung des Klosters durch Ulrich von Württemberg beginnt ein sich durch die Reformation bis zum Ende des Dreißigjährigen Krieges hinziehendes, dauerndes Hin und Her zwischen Protestantismus und Katholizismus, Enteignung, Vertreibung und Wiedereinsetzung der Mönche. Im Grunde aber ist der Weg des Klosters mit der Bestimmung zur protestantischen Klosterordnung von 1535 durch Ulrich von Württemberg und der Einrichtung einer evangelischen Klosterschule durch Christoph von Württemberg 1556 vorgezeichnet, und 1648 wird das Kloster endgültig protestantisch. 1818 wird Maulbronn Evangelisch-Theologisches Seminar, was es bis heute ist.

Detail aus dem geschnitzten Chorgestühl

Kloster Maulbronn

Geistliche Angebote

Regelmäßig betreut die evangelische Gemeinde Gebetsveranstaltungen wie die Vesper oder das Mittagsgebet in der Klosterkirche. Sonntags wird dort ein Gottesdienst gefeiert. In der Brunnenkapelle und im umgebauten Kalefaktorium (Wärmeraum) finden Schweigemeditationen statt.

Ein besonderes Erlebnis dürfte die alternative Klosterführung „Die Stille hören" sein, bei der es nicht um historische oder kunstgeschichtliche Aspekte des Klosters geht, sondern um das Erlebnis der Stille und Atmosphäre abends, wenn das Kloster für andere Besucher geschlossen ist. Ein Jahreshöhepunkt ist die Woche „musica sacra" im Sommer. Zu den weiteren Angeboten gehören Seminarwochenenden rund um den Themenkomplex „Meditation – Kontemplation – Spiritualität".

Das Brunnenhaus in Maulbronn ist aus gutem Grund eines der bekanntesten.

95

Zisterzienser

Info

Zisterzienserstift Zwettl
Stift Zwettl 1
A-3910 Zwettl
Tel. 0043 (0) 2822/20202-17
Fax 0043 (0) 2822/20202-40
info@stift-zwettl.at
www.stift-zwettl.at

Angebot
Gottesdienst und Gebet
Einkehrtage
Klosterführungen
Bildungshaus
Klosterladen
Gastronomie
Konzerte
Veranstaltungen

Hadamar I. aus dem Geschlecht der Kuenringer entdeckte, als er im Winter 1138 durch den Wald am Fluss Kamp ritt, auf einer Lichtung (slawisch: svetlä) eine grünende Eiche. Dies wurde als Zeichen Marias verstanden, an dieser Stelle ein Kloster zu gründen. So entstand das Stift Zwettl, das von Mönchen aus dem Kloster Heiligenkreuz besiedelt wurde. Die Tal- und Flusslage war für die Zisterzienser ideal für ihre Wirtschaftsbetriebe von der Fischzucht über die Forstwirtschaft bis hin zum Landbau. Über die noch heute existierende Brücke über den Kamp transportierten die Mönche das Baumaterial für ihr Kloster, das 1159 von Bischof Konrad I. von Passau geweiht werden konnte. Durch seine reiche Stiftung erlebte Zwettl schon bald einen wirtschaftlichen und geistigen Aufschwung. Das Skriptorium machte Zwettl im Mittelalter berühmt, denn hier entstanden wunderbare Handschriften als Zeitzeugnisse. Eine einzigartige Schrift ist die sogenannte Bärenhaut (früher nannte der Volksmund Schweinsleder Saubärenhaut), eine Handschrift aus dem 13. Jahrhundert, in der die Gründungsgeschichte Zwettls und der Familienstammbaum der Kuenringer dargestellt sind.

Die Hussitenkriege, die Reformation und der Dreißigjährige Krieg brachten schwere Zeiten und zwangen das Kloster an den Rand des wirt-

Pater Petrus in der barocken Klosterbibliothek, die bibliophile Herzen höher schlagen lässt.

schaftlichen Ruins. Einen Aufschwung erlebte Zwettl im 17. Jahrhundert, was eine rege Bautätigkeit bezeugt.

Sehenswerter Stilmix

Das Stift Zwettl präsentiert sich architektonisch in einem bewundernswerten Stilmix von der Romanik bis zum Barock. Die alten, romanischen Bauteile geben einen Einblick in die mittelalterliche Lebensweise der Mönche, so der Kreuzgang, der Kapitelsaal, das Refektorium, das Kalefaktorium (Wärmeraum) und das Dormitorium. Kurios, weil es erhalten geblieben ist, ist das Necessarium über einem Bach: die einzig erhaltene Latrinenanlage eines Klosters mit fließendem Wasser. Während das Äußere noch deutlich den romanischen oder gotischen Stil zeigt, sind die Innenausstattung der Kirche und die Erweiterung des Konventgebäudes sowie der

Links: Teil der Fassade am Prälatenhof mit der Pforte

Rechts: Der Kreuzgang

Das frühgotische Brunnenhaus mit dem romanischen Brunnen

Neubau der Bibliothek barock ausgearbeitet. Abt Melchior Zaunagg war hier federführend.

Durchgehend von Mönchen bewohnt

Zwettl blieb von der Auflösung, die viele Klöster während der Epoche des Josephinismus traf, verschont. Als Zugeständnis wurde das Stift allerdings u. a. verpflichtet, die Gemeindeseelsorge, die vorher von fremden Geistlichen ausgeübt worden war, nun selbst zu übernehmen und natürlich auch die Kosten hierfür zu tragen. Heute betreuen die Zisterzienser rund 17 Gemeinden und Pfarrkirchen. So haben sich die Zisterzienser von einem eher kontemplativen zu einem seelsorgerisch tätigen Orden gewandelt.

Dies wird auch im Bildungsangebot für Gäste deutlich. Im Bildungshaus finden übers Jahr Kurse und Seminare zu Themen wie geistige Orientierung, Lebensbegleitung, Umwelt, Kreativität, Gesundheit, Erholung, Theologie, soziale Verantwortung und Meditation statt. Über die Grenzen Zwettls hinaus bekannt sind auch das „Internationale Orgelfest Zwettl" und die „Zwettler Sängerknaben", die die Gottesdienste gestalten. Des Weiteren gibt es einen Adventsmarkt sowie die Sommerveranstaltungen in der Orangerie. Produkte aus den Wirtschaftsbetrieben (Wald, Jagd, Fischerei, Garten, Landwirtschaft, Weinbau) sind in der Gastronomie (Taverne) zu verkosten oder im Klosterladen zu erwerben. Hier besteht die Produktlinie „Zwettler Stiftsschätze" aus Tee, Honig, Marmelade oder weiteren Erzeugnissen, die alle im Kloster hergestellt werden. Ein besonderer Tipp ist der Wein vom klostereigenen Gut Schloss Gobelsburg.

Info

Abbaye d'Hauterive
Chemin de l'Abbaye 19
CH-1725 Posieux
Tel. 00 41 (0) 26 40 97 71-00
Fax 00 41 (0) 26 40 97 71-01
info@abbaye-hauterive.ch
www.abbaye-hauterive.ch

Angebot

Eucharistiefeier und Gebet
Klosterführung (nach Absprache)
Gästehaus
Klosterladen

Die Klosteranlage

Den Namen „Hauterive" – lateinisch „alta ripa" gleich „hohes Ufer" – verdankt das Kloster im Saanetal südwestlich des schweizerischen Freiburg/Fribourg den hohen Sandsteinfelsen, die das rechte Ufer der Saane säumen.

Zisterzienser aus dem nordburgundischen Cherlieu besiedelten um 1135 das von Guillaume de Glâne gestiftete Kloster. Im Laufe der nächsten zwei Jahrhunderte kam die Abtei durch Milch- und Ackerwirtschaft, Weingüter, Getreidemühlen und sowohl einer Walk- als auch einer Papiermühle zu wirtschaftlichem Wohlstand. Damit einher ging auch eine spirituelle, geistige Blütezeit, die sich an der Zahl der Mönche und Konversen ablesen lässt. Besonders in der Schreibstube der Mönche entstanden zwischen dem 12. und 14. Jahrhundert bedeutende Werke. Obwohl den Äbten von Hauterive 1418 durch Papst Martin V. die Pontifikalien verliehen wurden, befand sich die Abtei mittlerweile – wirtschaftlich durch Kriege und geistig durch Vernachlässigung der Ordensregeln – in einer schlechten Verfassung. Erst im Verlauf des 16. Jahrhunderts und zu Beginn des 17. Jahrhunderts wurde das Kloster wieder strenger an die Ordensregeln herangeführt und reorganisiert.

1798 verlor Hauterive seine Grundherrschaft und damit die finanzielle Basis. 1848 wurde das Kloster aufgelöst und erst 1939 von Zisterziersern aus Wettingen-Mehrerau wiederbesiedelt. Gebäude und Güter sind heute im Besitz einer Stiftung, die diese den Mönchen zur Sicherung ihres Unterhalts überlässt.

Die Klosteranlage

Von der ursprünglichen romanischen Anlage sind heute noch der Kreuzgang und die Kirche erhalten. Der Kreuzgang wurde zwischen 1320 und 1328 durch Maßwerkfenster erhöht und die Kirche um einen gotischen Chor erweitert, der ein sechsteiliges Maßwerkfenster mit Glasmalereien aufweist. Sehenswert ist außerdem das spätgotische Chorgestühl (Ende des 15. Jahrhunderts). Das Konventgebäude wurde zwischen 1715 und 1770 im barocken Stil neu gebaut.

Nach Voranmeldung können Chorgestühl und Kreuzgang während der Arbeitswoche oder sonntags nach der Messe im Rahmen einer Führung besichtigt werden.

Das Maßwerk über der Säulenreihe des Kreuzgangs weist eine Fülle von verschiedenen Formen auf.

Gast in Hauterive

Einzelgäste, Ehepaare und Familien können im Gästehaus der Abtei für zwei bis sieben Tage gegen einen Kostenbeitrag übernachten. Gruppen können nur aufgenommen werden, wenn sie bis maximal zwölf Personen umfassen und bereit sind, sich an das monastische Leben (Schweigen während des Essens, Gebetszeiten) anzupassen. Der Tagesablauf muss mit einem Mönch abgesprochen werden. Da oft nur ein deutschsprachiger Mönch im Kloster ist, können nicht für jeden Besucher Einzelgespräche vereinbart werden.

Jakobspilger (Schlafsack mitbringen!) können zwar aufgenommen werden, aber nur mit einem Tag Voranmeldung.

Im Klosterladen sind religiöse Literatur, klostereigene Produkte wie Holzskulpturen, Aquarelle und Rosenkränze, Klosterliköre und auch das belgische Trappisten-Bier „Chimay" erhältlich.

Der Hotelbereich

Ursulinen

Ursulinenkloster Calvarienberg
Kalvarienbergstraße 50
D-53474 Bad Neuenahr-Ahrweiler
Tel. 02641/383-0
Fax 02641/383-111
info@ursulinen-calvarienberg.de
www.ursulinen-calvarienberg.de

Angebot
Eucharistiefeier
Gebetszeiten
Exerzitien
Tage der Stille (für junge Frauen)
Kloster auf Zeit (für junge Frauen)
Geistliches Zentrum mit Programm
Angelakreis
Wallfahrt
Gymnasium, Realschule
Internat, Tagesinternat

Ein Ritter, 1440 gerade zurück von einer Reise nach Jerusalem, kam durch Ahrweiler und bemerkte erstaunt die Ähnlichkeit der Geografie mit den heiligen Stätten in Jerusalem. In der Ahr meinte er den Bach Cedron zu sehen, der Hügel auf der Südseite schien ihm ein Abbild des Kalvarienberges, das Dorf Gerhardshofen am Fuß des Hügels verglich er mit dem Garten Gethsemane. Und als er die Entfernung zwischen dem Hügel und der Pfarrkirche Sankt Laurentius in Ahrweiler abmaß, stellte er fest, dass diese genau der Strecke zwischen dem Kalvarienberg in

Jerusalem und dem Prätorium des Pilatus entsprach. Mit dieser Entdeckung verpflichtete sich die Gemeinde Ahrweiler durch ein Gelübde, auf dem besagten Hügel eine Kreuzigungsgruppe aufzustellen und diese dem gekreuzigten Heiland und seiner Mutter Maria zu widmen. Und so geschah es: Der ehemalige Galgenberg wurde nun zum Kalvarienberg, auf dem zusätzlich eine Kapelle mit einem von Weihbischof Dietrich von Köln geweihten Altar (1505) errichtet wurde. Mit der nun einsetzenden Wallfahrt wurde die Kapelle schon ein Jahrhundert später durch eine kleine Kirche (1627) ersetzt, deren Krypta-Grundmauern noch unter dem Westteil der heutigen Kirche liegen.

Links: Ein Blick in die Kirche

Rechts: Die 1987 seliggesprochene Schwester Blandine Merten OSU

Klostergründung

1629 erhielten die Franziskaner aus Brühl die Erlaubnis, ein Kloster auf dem Kalvarienberg zu gründen. Der Klosterbau war 1651 abgeschlossen; 1664 wurde der Grundstein für eine neue, große Klosterkirche gelegt, denn der Andrang von Pilgern und Wallfahrern, die in Prozessionen den bestehenden 7-Stationen-Kreuzweg (der älteste im Rheinland) vom Ahrweiler Stadttor bis zum Berg hochpilgerten, war derart groß, dass an hohen Festtagen schon draußen gepredigt werden musste. Nachdem Papst Clemens XII. 1731 den 14-Stationen-Kreuzweg nach Jerusalemer Vorbild durch Ablässe anerkannt hatte, fanden auch in Ahrweiler 1732 Umbauten statt. Die 14. Station, das Heilige Grab, befindet sich heute im Westteil der Kirche. Die 14 Stationen sind nach Änderung des Zufahrtsweges zum Kloster im Jahr 1897 erhalten geblieben, aber nicht mehr in ihrer ursprünglichen Reihenfolge zu sehen.

Das Franziskanerkloster wurde 1803 aufgelöst. 1806 erwarb Vikar Jakob Gießen das Gelände.

Schwestern beim Mittagsgebet in der Kapelle

Die „Gesellschaft der Heiligen Ursula" (Ordo Sanctae Ursulae), kurz Ursulinen genannt, wurde von Ange a Merici (1470–1540), 1535 in Brescia gegründet. Angela wählte die heilige Ursula als Patronin der Gesellschaft, weil sie als Schutzpatronin der Jugend galt.

Die Frauengemeinschaft der Ursulinen verlangte von ihren Mitgliedern ein Leben nach den Evangelischen Räten (Ehelosigkeit, Armut und Gehorsam), aber sie mussten kein öffentliches Gelübde ablegen. Sie leben weiterhin in ihren Familien, gingen zur Arbeit, trugen ihre Alltagskleidung, bemühten sich allerdings, nach außen Gott den Menschen nahezubringen und persönlich gottgefällig zu leben. Die Gemeinschaft war also ein Säkularinstitut. Angela Merici gab in ihrer Regel Richtlinien für das Alltagsleben der Schwestern, aber auch für die Organisationsstruktur vor. Das Vermögen wurde gemeinsam verwaltet und kam der Gemeinschaft wiederum zugute. Die Schwestern standen ihren Mitmenschen sowohl in Glaubensangelegenheiten wie auch in der Bewältigung von schwierigen Lebenssituationen bei.

Die Ursulinen in Ahrweiler

Die Bekanntheit der Ursulinen als Lehrerinnen für junge Mädchen gab ihrer Verbreitung enormen Auftrieb. Darum bat die Bürgerschaft einer Stadt oft ein bestehendes Kloster, einige Ursulinen zwecks Kloster- und Schulgründung zu entsenden. So geschah es 1710 in Monschau, wo der Rat der Stadt das Kloster Lüttich bat, auch in Monschau ein Kloster mit Schule zu gründen. Doch mit der geografischen Lage ihres Klosters im engen Monschauer Tal waren die Ursulinen aus wirtschaftlichen und gesundheitlichen Gründen (Hochwasser, Kälte, wenig Sonne und Licht) nicht recht zufrieden. Daraufhin vermittelte eine ehemalige Pensionärin aus Ahrweiler 1837 den Kontakt zur Stadt Ahrweiler und den Erben des Vikars Gießen, und bereits 1838 zogen die Ursulinen mit einigen wenigen Schülerinnen aus Monschau in das ehemalige Franziskanerkloster ein. Schon 1840 wurden hier rund 100 Schülerinnen unterrichtet. Nur unterbrochen vom Kulturkampf und den Weltkriegen war der Schule mit Internat ein bis heute andauernder Erfolg beschieden. Von Ahrweiler aus gründeten die Ursulinen noch weitere Klöster und Schulen u. a. in Aachen, Trier, Saarbrücken, Krefeld und Koblenz und bildeten auf diese Weise eine Kongregation mit dem Mutterhaus in Ahrweiler.

Eine der Schwestern wurde 1987 in Rom seliggesprochen – Sr. Blandine Merten. Obwohl sie bereits mit 34 Jahren starb, hat sich seit ihrem Tod im Jahr 1918 eine Verehrung über die ganze Welt ausgebreitet. Es ist erstaunlich, wie viele Menschen aus aller Welt mit ihren Anliegen zu der seligen Sr. Blandine kommen und Erhörung finden. Anlaufstellen sind die Blandinenkapelle in Trier, die den Schrein ihrer sterblichen Überreste birgt, und der Blandine-Merten-Fonds, bekannt unter dem Namen „Blandinenarchiv" im Mutterhaus Ahrweiler. Eine Schwester und fünf ständige Mitarbeiterinnen stehen dort für telefonische und persönliche Gespräche zur Verfügung und bearbeiten die tägliche Post aus aller Welt.

Spiritualität und Bildung

Ihrer Tradition entsprechend bieten die Ursulinen ihren Gästen Exerzitien, Besinnungs- oder Einkehrtage an, um sich auf sich selbst zu besinnen und im täglichen Gebet Gottes Nähe zu erfahren. Frauen bis zum Alter von 35 Jahren können „Tage der Stille" oder „Kloster auf Zeit" mit

Die Kreuzigungsgruppe mit Maria und Johannes aus dem 15. Jahrhundert hängt in der Apsis der Kirche. Wallfahrer beten seit Jahrhunderten vor dem Gekreuzigten.

den Schwestern verleben. Im Angelakreis finden sich Frauen zu regelmäßigen Treffen zusammen, die nach dem Vorbild Angela Mericis ihre Spiritualität im Alltag leben wollen.

Das Geistliche Zentrum des Kalvarienberges bietet allen Interessierten ein Jahresprogramm mit christlich geprägten Themen wie Meditation, Trauerseminare und Bibelbetrachtungen.

Der Erzbischof von Mailand, Karl Borromäus, übertrug den Ursulinen nach Angelas Tod die Aufgabe, jungen Mädchen Katechismusunterricht zu erteilen. Auf dieser Basis entwickelte sich der spätere Schulorden. Schon bald zeigte sich, dass aus vielen Gründen ein Gemeinschaftsleben notwendig wurde. Karl Borromäus wandelte 1571 die Gemeinschaft in eine Kongregation um. 1614 vollzog sich dann der Wandel zu einem monastischen Orden nach augustinischer Regel, der sich schnell über Frankreich nach Deutschland ausbreitete. 1639 wurde das erste deutsche Ursulinenkloster in Köln gegründet. Heute gibt es

in Deutschland zwei Zusammenschlüsse von Ursulinenklöstern: die Föderation deutschsprachiger Ursulinen (34 Konvente, Filialen und kleine Gemeinschaften) und die Kongregation von Calvarienberg-Ahrweiler mit noch vier Niederlassungen. Den größten und weltweiten Zusammenschluss bildet die „Römische Union" mit dem Hauptsitz in Rom.

Nach dem Zweiten Vatikanischen Konzil (in den 1960er Jahren) übernahmen alle Ursulinenklöser wieder die ursprüngliche Regel der Angela Merici, der Gründerin des Ordens.

Links: Ein Flur im Klausurbereich des Klosters

Rechts: Eine Deutschstunde im von den Ursulinen geführten Gynmasium

Prämonstratenser

Prämonstratenserkloster Roggenburg
Klosterstraße 5
D-89297 Roggenburg
Tel. 073 00/9600-0
Fax 073 00/9600-933
konvent@kloster-roggenburg.de (Kloster)
zentrum@kloster-roggenburg.de (Bildungszentrum)
www.kloster-roggenburg.de

Angebot

Messe und Gebet
Seelsorge
Mitleben im Kloster (Männer)
Kirchen- und Klosterführungen
Klostermuseum
Konzerte
Wallfahrt
Bildungszentrum
Gästehaus
Klosterladen
Gastronomie mit Hotel

Graf Berthold von Bibereck stiftete gemeinsam mit seiner Gemahlin und seinen Brüdern Konrad (Bischof von Chur) und Siegfried (Domherr in Augsburg) 1126 das Kloster Roggenburg, das von Chorherren aus dem Kloster Ursberg besiedelt wurde. (Obwohl Prämonstratensergemeinschaften eigentlich Stifte sind, wird hier auch von Klöstern gesprochen.) Die ersten Klostergebäude entstanden zunächst im Tal bei einem Weiher, was sich aber als ungünstig erwies, sodass sie ihr Kloster auf den Burgberg verlagerten.

Die Prämonstratenser hatten schon im 12. Jahrhundert einen so großen Zulauf, dass sie weitere Klöster gründen konnten: Adelberg bei Göppingen und Sankt Luzi in Chur, Churwalden, Katzis und Bendern (alle in der Schweiz), die wiederum weitere Tochterklöster gründeten. Roggenburg hatte somit als Mutterkloster eine große Ausstrahlung in den süddeutschen und schweizerischen Raum gehabt.

1444 wurde Roggenburg zu einer selbstständigen Abtei erhoben, 1513 erhielt es die hohe Gerichtsbarkeit, und 1544 wurde es reichsunmittelbar (nur und direkt dem Kaiser unterstellt).

Das Kruzifix stammt etwa aus dem Jahr 1500.

Blütezeit im Barock

Im 18. Jahrhundert wurde die Klosteranlage unter den Äbten Dominikus Schwaninger, Kaspar Geisler und Georg Lienhardt komplett neu gestaltet. Der Umbau begann 1732 mit dem Neubau des Westflügels. Es folgten 1752 Ostflügel und Kirche, die 1758 geweiht wurde. Die Bauarbeiten fanden 1766 mit dem Südflügel ihren Abschluss. Doch nicht nur die Klosteranlage wurde neu gebaut, auch die meisten Pfarrkirchen

Die Prämonstratenser

Der Orden der Prämonstratenser wurde 1121 im Kloster Prémontré bei Laon von Norbert von Xanten gegründet und 1126 von Papst Honorius II. bestätigt. Er ist ein Chorherrenorden, d. h., die Mitglieder sind Priester (Regularkanoniker), keine Mönche. Sie leben aber in einer Gemeinschaft unter einem Dach zusammen, richten sich nach der augustinischen Regel und legen zusätzlich das Armuts-, Enthaltsamkeits- und Gehorsamkeitsgelübde ab. Wie Mönche halten sie die Stundengebete ab, speisen zusammen in einem Refektorium und bleiben ihrem Kloster ein Leben lang verbunden. Der Tätigkeitsschwerpunkt des Ordens liegt in der Seelsorge, besonders der Pfarrseelsorge, und in der Bildungs- und Kulturarbeit.

Bis ins 19. Jahrhundert lag das Hauptverbreitungsgebiet des Ordens in Europa, doch die Anzahl der Klöster ging durch die Säkularisation stark zurück. In der zweiten Hälfte des 19. Jahrhunderts wurden dann die ersten Klöster in Nord- und Lateinamerika gegründet. Zu Beginn des 20. Jahrhunderts kamen Häuser in Afrika und Indien hinzu, später folgten auch Niederlassungen in Australien. Heute umfasst der Orden weltweit 41 selbstständige Kanonien (Abteien, Stifte, Priorate) und zusätzlich verschiedene abhängige Häuser und Niederlassungen.

Die beiden Kirchtürme sind 70 Meter hoch.

und sonstigen Anlagen auf Klostergebiet wurden im Verlauf des 18. Jahrhunderts neu errichtet oder zumindest ausgebaut, was den wirtschaftlichen Erfolg des Klosters in diesem Zeitraum belegt.

Die neue Klosterkirche ist eine der bedeutendsten Rokokobauten in Schwaben. Weit über die Landschaft hinaus ragen die beiden 70 Meter hohen Türme mit ihren sieben, teils 500 Jahre alten Glocken. Baulich ist die Kirche, wie es den Gewohnheiten des Prämonstratenserordens entspricht, in die Klosteranlage integriert und wird daher von der Seite betreten.

Im Inneren faszinieren die Stuckaturen der Wessobrunner Schule und das Deckenfresko mit Szenen aus der Weihnachtsgeschichte, zur Erinnerung an die Ordensgründung an Weihnachten 1121. Die Figuren des Hochaltars zeigen links den heiligen Augustinus, nach dessen Regeln der Orden lebt, und rechts den Ordenspatron, Johannes den Täufer. Aus der Vorgängerkirche sind die Figuren des Kreuzaltars erhalten geblieben,

Prämonstratenser

ferner die Figuren der Altäre in den Kreuzarmen und das Chorgestühl. Auf der Kanzel ist der Ordensgründer Norbert von Xanten figurativ dargestellt: Er hat einen ideologischen Gegner besiegt.

Verwaistes Kloster neu belebt

Mit der Aufhebung von Roggenburg 1802 ging eine Erfolgsgeschichte zunächst für fast 200 Jahre zu Ende, denn erst 1982 konnten die Prämonstratenser nach Roggenburg zurückkehren. Die Abtei Windberg übernahm die Pfarrseelsorge mit der Absicht, auch das Kloster wieder zu beleben. 1986 war es dann soweit: Das Kloster Roggenburg wurde neu gegründet. Zum selbstständigen Priorat wurde es 1992 erhoben.

Neben den Aufgaben in der Pfarrseelsorge entwickelten die Prämonstratenser vor Ort ein umfas-

Die stattliche Kirche auf kreuzförmigem Grundriss ist 70 Meter lang, 35 Meter breit und 28 Meter hoch.

Als Kind wurde Norbert (1080/1085–1134) von seinen Eltern Heribert und Hedwig von Gennep für die geistliche Laufbahn ausersehen und in das Stift Sankt Viktor in Xanten gegeben. Dort erwartete ihn ein angenehmes Leben mit einem guten Einkommen aus seiner Pfründe mit einem eher weltlichen als geistlichen Lebensstil. Als Kanoniker kam Norbert mit Erzbischof Friedrich I. von Köln an den Hof Kaiser Heinrichs V. und nahm an dessen Romzug teil. 1115 hatte Norbert der Legende nach sein Bekehrungserlebnis: Ein Blitzschlag riss ihn von seinem Pferd, aber er überlebte. Daraufhin soll er sein weltlich orientiertes Klerikerleben aufgegeben und seine Pfründe verschenkt haben und ließ sich zum Priester weihen. Nach einem Aufenthalt im Kloster Siegburg zog er dann als Wanderprediger durch die Lande, was vielen Bischöfen und Klerikern suspekt war. Die Amtskirche wollte Norbert gerne wieder an sich binden, und der Bischof von Laon beauftragte ihn 1121 mit einer Klostergründung. Norbert wählte hierfür ein abgeschiedenes bewaldetes Tal bei Prémontré, welches ab 1137 auch einen Frauenkonvent beherbergte. 1125 wurde Norbert von Xanten Erzbischof von Magdeburg. Hier starb er auch am 6. Juni 1134. Seine Heiligsprechung erfolgte 1582 durch Papst Gregor XIII. Die Gebeine Norberts wurden am 24. April 1626, während des Dreißigjährigen Krieges, in die Prämonstratenserabtei Strahov nach Prag überführt, wo sie sich noch heute befinden.

Pietà in der rechten Turmkapelle

Umwelt und Kultur gipfelte. Es folgte die Einweihung eines Klostergasthofes mit Hotel und eines Klosterladens mit Produkten aus vielen anderen Klöstern und mit einem besonderen Schwerpunkt auf einer Vinothek mit Weinen aus dem Anbau von Klostergütern.

Spiritualität und Bildung

Neben der Pfarrseelsorge (Gottesdienste, Gebetszeiten, Beichtgelegenheiten, Wallfahrtsbetreuung nach Maria Hilf) gibt es für junge Männer neben dem Mitleben im Klosteralltag Seminare zur eingehenden inneren Prüfung, ob das geistliche Leben der Prämonstratenser ihnen liegt. Unter dem launigen Motto „Prämos on Tour" können interessierte Schulen oder Vereine Vorträge zum Orden und der Spiritualität der Prämonstratenser buchen.

Führungen durch das Klostermuseum mit seinen Schätzen aus den vergangenen Jahrhunderten und das Kloster sind möglich und ebenso interessant wie der Kloster- und der Kräutergarten.

Im Bildungszentrum bietet der Orden ganzjährig ein umfassendes Kursprogramm für Einzelgäste, Gruppen und Familien an. Das Themenspektrum umfasst Kreativ- und Kulturangebote über Pädagogik und Pastoralarbeit bis hin zu Ökologie, Trauerbegleitung, Fasten und Meditation.

sendes Bildungskonzept, das 2001 im Umbau des Wirtschaftshofes zu einem Zentrum für Kunst und Kultur und ein Jahr später in der Errichtung eines Bildungszentrums für Familie,

Viele der in diesem Buch beschriebenen Klöster bieten Exerzitientage an. Den Neuling könnte dieses Wort einschüchtern; zu sehr klingt es nach militärischem Exerzieren und strenger Kontemplation. Was genau erwartet den Besucher?

Geprägt wurde der Begriff „Exerzitien" oder „geistliche Übungen" von dem Gründer des Jesuitenordens, Ignatius von Loyola. Nach seiner Vorstellung dauern die Exerzitien im Idealfall vier Wochen und unterliegen thematisch einer festen Struktur. Für den Laien kommt dieser lange Zeitraum freilich selten in Frage, daher bieten die Klöster Exerzitien von bis zu einer Woche an, oft auch nur für ein Wochenende.

Während dieser Tage gibt ein Exerzitienleiter dem Einzelnen Hilfestellung, sich intensiv auf sich selbst und sein Verhältnis zu Gott zu besinnen. Jeder Orden und jedes Kloster kann dabei eigene Schwerpunkte setzen und verschiedene Techniken und Abläufe wählen. In der Regel werden die Tage schweigend verbracht, ohne Ablenkung durch Medien, Telefon oder Bücher – mit Ausnahme der Bibel. In manchen Übungen wird Wert auf intensive Bibelbeschäftigung gelegt, andere Exerzitienleiter geben dem Teilnehmer drei- bis fünfmal täglich einen geistlichen Impuls (das kann eine Bibelstelle oder eine Fragestellung sein) und entlassen ihn zu Meditationen in der Einsamkeit – in der Natur, in der Kirche, dem Gastzimmer oder einem anderen geeigneten Ort. In einer anderen Form werden die Teilnehmer in der Gruppe zur Meditation angeleitet. In letzter Zeit werden auch vermehrt fernöstliche Entspannungs- und Meditationstechniken eingesetzt.

In Meschede steht Gruppen der sogenannte Saal zur Verfügung. Der Blick durch die große Fensterseite über die offene Landschaft beruhigt Körper und Geist.

Neue Wege finden – Kreuzgang in Heiligengrabe

Wenn man bereits eine konkrete Vorstellung von Exerzitien hat, ist es ratsam, sich vorher bei dem ausgewählten Kloster nach dem dort üblichen Ablauf zu erkundigen.

Ähnlich verhält es sich mit der Unterkunft im Kloster. Manche bevorzugen es einsam und karg, andere wollen auf etwas Wohnkomfort ungern verzichten.

Was bewirken die Exerzitien?

Das ist natürlich bei jedem Besucher anders und hängt auch nicht unwesentlich von den Erwartungen ab. Es ist jedoch möglich, dass die ungewohnte Beschäftigung mit sich selbst – der Vergangenheit, dem Jetzt und den Zukunftsplänen – völlig neue Sichtweisen eröffnet. Fernab des Alltags, der Hektik, der Zwänge und Verpflichtungen jedes Einzelnen stellen sich Probleme und Nöte, unverarbeitete Trauer, Sehnsucht und Angst oft ganz anders dar – viel weniger erdrückend. Die Reduktion der vielfältigen bunten und lauten Eindrücke machen die Sicht

frei auf das Wesentliche. Die Erfahrungen, die sich bei Exerzitien einstellen, sind gemeinhin ähnlich denen auf einer Pilgerschaft.

Glücklich, wer spontan in Jesus Trost findet, aber auch mit einem diffusen Gottesbild ist man heute in jedem Kloster willkommen. Vor allem die Suchenden finden hier Raum und Zuspruch.

Wer die bei den Exerzitien überbordenden Gefühle nicht eigenständig bewältigt, kann jederzeit den Exerzitienleiter, der meist ein erfahrener Seelsorger ist, um ein persönliches Gespräch bitten. Vieles klärt sich jedoch von selbst.

Etwas Strenge

Ein wenig Strenge sollte sich jeder selbst verordnen. Eine einstündige Meditation kann man durchhalten, auch wenn der Fuß eingeschlafen ist oder der Rücken schmerzt. Das Handy bleibt möglichst zu Hause. Wer sich angemessen von Partner oder Kindern verabschiedet und die Tage der Abwesenheit vorher gut organisiert, kann die „Funkstille" ohne Probleme aushalten.

Zu bedenken ist, dass man einen Tag braucht, um sich vor Ort einzugewöhnen, und dass die Gedanken am Abreisetag ebenfalls nur noch schwer zu fokussieren sind. Wie beim Sport erreicht man auch in geistlicher Hinsicht nur etwas Höheres, wenn man sich selbst über das übliche Maß hinaus fordert.

Franziskus von Assisi (1182–1226) wurde durch ein persönliches Erlebnis zu einem Leben in Armut und Buße bekehrt. Er verstand seine Armut existentiell, erlaubte sich und seinen Gefährten weder persönlichen noch gemeinschaftlichen Besitz. Sie bestritten ihren Lebensunterhalt durch Betteln und milde Gaben. Doch auch das Apostolat war für Franziskus wichtiger Bestandteil seines Lebens in der Nachfolge Christi. Er wollte seinen Glauben den Menschen nahebringen, predigen – das war damals revolutionär. Noch wenige Jahrzehnte vorher waren solche Gemeinschaften als Ketzer schärfstens verfolgt und verurteilt worden. Doch Franz von Assisi erhielt mit seiner Regel, die er seiner Gemeinschaft 1209 gab, die päpstliche Bestätigung. Zweimal modifiziert wurde die dritte endgültig von Papst Honorius III. 1223 anerkannt. Die Regel verbot jegliches materielle Gut für den Einzelnen wie für die Gemeinschaft, die Mönche sollten von ihrer Arbeit leben, zur Not betteln, und um zu missionieren und zu predigen, sollten sie keinen festen Wohnsitz haben.

Die *stabilitas loci* der bisherigen Orden wurde somit aufgehoben. Doch schon wenige Jahre nach dem Tod des heiligen Franziskus wurde das Armutsideal aufgeweicht. Mit einer Spitzfindigkeit wurde z. B. der Besitz von Grund und Boden, Gebäuden und anderen materiellen Gütern durch den Papst ermöglicht: Besitzer all dieser Dinge war die Kirche, die Gemeinschaft der Franziskaner nur Nutznießer. Dieses Privileg sowie die alleinige rechtliche Unterstellung unter den Papst, das Recht, überall zu predigen und die Erlaubnis, die Sakramente zu spenden, ließen den Orden schnell Mitglieder gewinnen und halfen bei der Ausbreitung über Italien hinaus.

So begannen auch die Franziskaner mit Kirchen- und Klosterbauten. Sie bauten vorzugsweise stadtnah, oft sogar innerhalb der Stadtmauer. Die Räumlichkeiten waren zweckmäßig, teils den Laien zugänglich, und für einen nicht kontemplativen Orden wurden manche Gebäudeteile wie der Kreuzgang sogar überflüssig. Wirtschaftsräume, Gewerke und Räume für die Laienbrüder entfielen ebenfalls. Bei den Bettelorden, die nicht mehr der *stabilitas loci* verpflichtet waren, trat an die Stelle der Laienbrüder der sogenannte Dritte Orden: eine Gemeinschaft, die sich der Ordensspiritualität verpflichtet fühlt, aber nicht im Kloster lebt. Die Klosteranlagen nahmen daher nie die Ausmaße wie bei den „klassischen" Orden an. Die Kirchen, fast ausnahmslos ohne Querschiff, waren Hallenkirchen – zweckdienlich und schmucklos. Sie wurden wie bei den Zisterziensern nur von einem Dachreiter gekrönt.

Sesshaftigkeit und die Aufweichung des Armutsideals waren Streitpunkte innerhalb des Ordens, der sich in Observanten (Orden der Minderen Brüder/Ordo fratrum minorum/OFM) und Konventualen (Minoriten/OFMCon) aufspaltete. Die Trennung wurde 1517 von Papst Leo X. anerkannt. Später trennten sich noch die Kapuziner (OFMCap) von den Observanten ab. All diese Franziskaner zählen zum Ersten Orden. Frauen bilden als Klarissen, die sich auf die heilige Klara von Assisi berufen, den Zweiten Orden.

Kloster Hülfensberg

Die alte, mitteldeutsche Kulturlandschaft, das Eichsfeld östlich von Göttingen, zwischen Harz und Werra gelegen, ist geprägt von einem rund 450 Meter hohen Plateau mit den größeren Städten Duderstadt (Norden), Heiligenstadt (Westen), Worbis (Osten) und Dingelstädt (Süden). Erstmals urkundlich erwähnt wird diese Region im Jahr 897. Seit dem 10. Jahrhundert taucht als Eigentümer von vielen Besitzungen zunehmend das Fürstbistum Mainz auf, das hier ab 1122 mit den ersten Klostergründungen begann. Die geografische Insellage machte das Eichsfeld in den folgenden Jahrhunderten zu einer katholischen Bastion, umgeben von späteren protestantischen Besitzungen.

Von den ehemals zwölf Klöstern bestehen heute noch drei in Germershausen, Heiligenstadt und Hülfensberg. Anziehungspunkt für viele Pilger waren außerdem rund 13 Wallfahrtsorte, von denen Kloster Hülfensberg einen betreut.

Besprechung an der Pforte

Gemeinschaft der Franziskaner
Hülfensberg 1
D-37308 Hülfensberg/Eichsfeld
Tel. 03 60 82/4550-0
Fax 03 60 82/4550-10
Kloster-Huelfensberg@t-online.de
www.huelfensberg.de

Angebot
Gottesdienst
Kloster zum Mitleben (für Männer und Frauen)
Konzerte
Wallfahrten

Der Hülfensberg

Eine markante Erhebung des Eichsfeldes – der heutige Hülfensberg, der zur Gemeinde Geismar gehört – scheint vor der Christianisierung eine alte germanische Kultstätte gewesen zu sein, wie Ausgrabungen von 1867 zeigen.

Schon im 14. Jahrhundert hatte sich eine christliche Wallfahrt zum Hülfensberg etabliert. Die Kirche Sankt Salvator (1360–1367) auf dem Stuffenberg, wie der Berg vormals hieß, war Anziehungspunkt für die Gläubigen. Damals wie heute wird dort ein romanisches Kreuz aus dem 11. Jahrhundert verehrt. Kreuze wie dieses trugen den Namen „Sante Hulpe" (Heilige Hilfe). Da-

SALVE CRUX PRETIOSA!

raus entstand für das Hülfensbergbild der Name „Gehülfe", der später zur neuen Namensgebung des Berges führte.

Der Berg gehörte bis 1357 dem Martinsstift in Heiligenstadt, danach ging er in das Eigentum der Zisterzienserinnen vom Kloster Anrode über. 1360 begannen die Schwestern mit dem Bau einer Kirche, die an ein Gebäude, genauer ein Bethaus, angebaut wurde, das auf das 10. Jahrhundert zurückgeht. 1810 wurde Kloster Anrode aufgelöst. Der Besitz ging an einen Privatmann, der das Gelände 1821 dem Bistum schenkte.

Seit dem Ende des 17. Jahrhunderts wird auf dem Hülfensberg der heilige Bonifatius verehrt. Zeugen dafür sind die Bonifatiuskapelle und ein Bonifatius-Armreliquiar, das im Hochaltar ausgestellt ist. Seit 1860 leben und wirken Franziskaner auf dem Hülfensberg. Aus der Folgezeit stammen die Klostergebäude, die an das bereits bestehende Nonnenhaus – 1429 urkundlich erwähnt – angebaut wurden.

Ein Gästezimmer

gramm. Täglich besuchen Einzelpilger den Berg, häufig auch Gruppen.

Neuerdings führt mitten durch das Eichsfeld auch ein Pilgerweg, jener von Loccum (siehe Seite 157 ff.) nach Volkenroda. Hülfensberg ist eine Station auf diesem Weg.

Kloster zum Mitleben

Auf dem Hülfensberg leben vier Franziskanerbrüder. Sie haben ihr Kloster für Menschen, die Ruhe und Besinnung im Klosteralltag suchen, geöffnet – mit oder ohne Einzelexerzitien. Für Menschen, die an den Gebets- und Arbeitszeiten der Brüder teilnehmen wollen, gibt es die Möglichkeit „Kloster zum Mitleben". Für rund eine Woche können Männer und Frauen, gleich ob katholisch, evangelisch oder konfessionslos, den Alltag der Brüder teilen; entscheidend ist der Wunsch, ernsthaft am Leben der Gemeinschaft teilzunehmen. Dafür steht eine kleine Anzahl von Gastzimmern zur Verfügung, die nur auf Anmeldung vergeben werden.

Wallfahrt

Die schon seit Jahrhunderten blühende Wallfahrt kam während der DDR-Zeit von bundesdeutscher Seite ganz und von der ostdeutschen Seite nahezu zum Erliegen. Ursache dafür war die geografische Lage im 500-m-Streifen der ehemaligen Grenze. Nur Bewohnern des Sperrgebietes war der Zugang einmal im Jahr möglich, doch sie mussten sich zuvor in den Pfarreien in Listen eintragen lassen. Zu jeder Wallfahrt waren außerdem nur je 1000 Personen zugelassen.

Viele Ostdeutsche sahen in einer Wallfahrt und der Demonstration ihres Glaubens einen stillen Protest. Erst mit dem Mauerfall 1989 konnten Ost- und Westdeutsche wieder ungehindert auf den Hülfensberg pilgern. Heute kommen die Besucher zu den traditionellen und auch zu neu eingeführten Wallfahrten: Bitt- und Bonifatiuswallfahrt, Dreifaltigkeits-, Johannes- und Michaelswallfahrt. Nach der Wende entwickelten sich der ökumenische Pilgertag und die Wallfahrt am Tag der Deutschen Einheit, und auch ein jährlicher ökumenischer Pilgerweg gehört zum Pro-

Franziskanerinnen

Info

Franziskanerinnenkloster Sankt Clemens
Insel Nonnenwerth
D-53424 Remagen
Tel. 022 28/6009-0
Fax 022 28/6009-230
info@nonnenwerth.org
www.nonnenwerth.org

Angebot
Gebetszeiten
Heilige Messe
Eucharistiefeier
Tage der Stille
Einkehrtage
Besinnungswochenenden
   (für junge Erwachsene bis 35 Jahren)
Museum
Bibliothek
Klostershop

*Unten: Die Glasmalerei zeigt Franziskus,
der sich an das Jesuskind schmiegt.*

Mitten im Rhein zwischen Bonn und Koblenz liegt die kleine Insel Nonnenwerth, im nördlichen Zipfel zu Nordrhein-Westfalen gehörend und im südlichen, größeren Teil zu Rheinland-Pfalz.

Zur Zeit der ersten Klostergründung im Jahr 1126 durch den Kölner Erzbischof Friedrich I. hieß die Insel noch Rulinigiswerde (Rolandsinsel). Eine Freundschaft verband Friedrich I. mit Abt Kuno I. von der Benediktinerabtei Siegburg. Die beiden kamen überein, auf der Insel, welche der Abtei Siegburg gehörte, ein Benediktinerinnenkloster zu gründen. So idyllisch die Lage, so beschwerlich waren die Bedingungen im Alltag, denn alles musste mit Booten auf die „Insula Beatae Mariae Virginis" (Liebfraueninsel) gebracht werden, und zu den widrigen Umständen wie Missernten, Pest und Kriegen kamen noch die Beschwernisse durch Hochwasser und Eisgang.

Nachdem ein großer Brand die Klosteranlage 1773 zerstört hatte, erfolgte umgehend der Wiederaufbau, der jedoch den Nonnen nicht viel Freude machte. Kaum vollendet (1775), wurde das Kloster 1802 aufgelöst. Durch die Zusage Napoleons hatten die verbliebenen Schwestern zwar das Recht, bis zu ihrem Tod auf der Insel zu bleiben, doch als die Anlage 1821 vom preußischen Staat versteigert und von Caspar Anton Sommer erworben wurde, mussten auch die letzten Nonnen Insel und Kloster verlassen.

Gastbetrieb

Kaum hatten die letzten Benediktinerinnen als Opfer der Säkularisation Nonnenwerth (diesen Namen trug die Insel seit 1653) verlassen, wurde das Kloster in ein feudales Gästehaus mit weiten Sälen und fürstlich eingerichteten Zimmern umgebaut. Aufgrund der interessanten Lage besuchten berühmte Schriftsteller, Maler und Politiker die Insel: Die Schriftsteller Ernst Moritz Arndt, Karl Simrock, Ferdinand Freiligrath und James F. Cooper weilten hier ebenso wie George Sand und der Komponist Franz Liszt. Liszt pflanzte anlässlich seines Geburtstages am 22. Oktober im Jahr

1841 eine Platane, die heute noch vor der Klosterkirche steht und inzwischen alle anderen Bäume überragt. Auch die Dichterin des Gebets „Müde bin ich, geh zur Ruh", Luise Hensel, weilte um 1850 einige Monate auf Nonnenwerth, aber da war die Stätte schon wieder mit kirchlichem Leben gefüllt.

Obwohl so viele Berühmtheiten Nonnenwerth besuchten, war das Hotel kein wirtschaftlicher Erfolg. 1835 wurde der Inselbetrieb von der Hauptgläubigerin Margarete von Cordier übernommen und bis 1844 fortgeführt. Danach reiften Pläne, eine Mädchenschule mit Internat auf Nonnenwerth einzurichten. Initiatorin war Au-

Nächste Seite: Nonnenwerth aus der Vogelperspektive

guste von Cordier, die 1852 die staatliche Genehmigung für ein Mädchenpensionat erhielt. 1854 schloss sich die kleine Nonnenwerther Gemeinschaft um Auguste von Cordier dem erst 1835 gegründeten Orden der „Franziskanerinnen von der Buße und der christlichen Liebe" an, sodass nun wieder klösterliches Leben auf der Insel herrschte.

Die Nonnenwerther Franziskanerinnen

Auguste von Cordier nahm als Ordensschwester den Namen Mutter Angela von Cordier an und wurde erste Oberin und Leiterin des Klosters mit angeschlossener Internatsschule. 1878 erfolgte die Vertreibung der Schwestern während des Kulturkampfes, da die Gesetze jede pädagogische Tätigkeit verboten. Die Schwestern gingen für einige Jahre nach Holland. Erst 1889 kehrten sie auf die Insel zurück. Während der Weltkriege wurden im Kloster Lazarette eingerichtet, im Zweiten auch eine nationalsozialistisch geprägte Lehrerinnenbildungsanstalt. Das Gymnasium wurde 1941 vom Staat geschlossen.

1945 erfolgte ein Neuanfang mit der Wiedereröffnung der Schule. Seit 1978 ist das Internat geschlossen, dafür wurde die Koedukation eingeführt. Heute besuchen rund 700 Mädchen und Jungen das private neusprachliche Gymnasium.

Franziskanische Gastlichkeit

Das Kloster hat mehrere Gastzimmer, die Erholungsuchenden zur Verfügung stehen. Als Gast bei den Nonnenwerther Franziskanerinnen kann jeder Stille und Ruhe genießen, an der Messe und den Gebetszeiten teilnehmen. Aber auch für Kurzurlaube zur Erkundung der Umgebung oder für eigene Veranstaltungen in kleinen Gruppen stehen Gastzimmer und Räumlichkeiten bereit.

Auf die Insel gelangt man mit der Fähre vom linksrheinischen Ufer unterhalb des Rolandsbogens direkt an der B 9. Da die Insel nicht öffentlich zugänglich ist, wird nur übergesetzt, wer als Gast angemeldet ist. Die Samstagabendmesse kann man auch ohne Anmeldung besuchen.

Info

Franziskanerkloster Vierzehnheiligen
Vierzehnheiligen
D-96231 Bad Staffelstein
Tel. 09571/9508-0
Fax 09571/9508-50
vierzehnheiligen@franziskaner.de
www.vierzehnheiligen.de

Angebot

Gottesdienste und Gebetszeiten (täglich)
Feste der 14 Nothelfer und vieler anderer Heiliger
Gottesdienste (für verschiedene Gruppen)
Wallfahrtsbetreuung
Seelsorge
Gästehaus

Die Geschichte des Klosters Vierzehnheiligen ist aufs Engste mit der Geschichte der Wallfahrt zu diesem Ort verknüpft, denn ohne die Wallfahrt gäbe es das Kloster nicht. Auf dem Staffelberg hatte der Schäfer Hermann Leicht, der für die nahe Zisterzienserabtei Langheim dort die Schafe hütete, in den Jahren 1445 und 1446 vier Visionen: eine von einem weinenden Kind, die nächste von dem Kind mit zwei Kerzen, die dritte von dem Kind, umringt von 14 anderen Kindern, die sagten: „Wir sind die 14 Nothelfer und wollen hier eine Kapelle haben und gnädiglich hier rasten ...", und als Letztes sahen er und eine Frau zwei Kerzen, die sich vom Himmel herabsenkten. Kurze Zeit später geschah die erste Wunderheilung einer todkranken Frau, nachdem sie zu den 14 Nothelfern gebetet hatte. Das Volk sah daher diesen Ort als verehrungswürdig an, kam dorthin, um zu beten, und so wurde zunächst ein Kreuz aufgestellt und 1448 eine kleine Kapelle durch den Abt von Langheim gebaut. Neben der Kapelle ließ er eine Propstei für einige seiner Zisterzienser errichten, die sich um die Wallfahrer kümmern sollten.

Barocke Wallfahrtskirche

Mit der Zunahme der Pilgerströme plante Abt Stephan Mösinger den Bau einer neuen Wallfahrtskirche, deren Mittelpunkt der Ort der Erscheinungen sein sollte. 1743 konnte der Grundstein zu einer von Johann Balthasar Neumann geplanten Kirche gelegt werden, die 1772 vollendet und geweiht wurde. Die prachtvolle Ausstattung mit Stuck, Fresken und Altarbildern geschah ganz in der Manier des Rokoko. Mittelpunkt der Kirche in der Vierung war, wie gewünscht, der Gnadenaltar über dem Ort der Visionen des Schäfers Hermann Leicht. Da der Altar – ungewöhnlich – in der Vierung liegt, kann er von den Gläubigen umrundet werden. Von vorne gewährt der Altar, der die Form einer Prunkkalesche mit Baldachin hat, den Blick auf den Hochaltar. Von den Seiten kann der Pilger einen Blick in das Innere des Gnadenaltars werfen. Der Ort der Visionen mit Altar ist von einem kunstvollen Gitter umgeben, auf dem vier Nothelfer stehen, die übrigen Nothelfer sind aufsteigend an den vier Seiten des Altars angebracht, die Heiligen Barbara und Katharina stehen an den Seitenaltären; oben auf dem Baldachin thront das Jesuskind.

Zerstörung der Abtei Langheim

Mit der Säkularisation wurde die Zisterzienserabtei Langheim aufgehoben, die Anlage wurde zerstört und die Wallfahrt nach Vierzehnheiligen verboten. 1835 wurde die Basilika in Staffelstein dann auch noch von einem Blitzschlag getroffen und schwer beschädigt. Die Franziskaner, die 1839 von König Ludwig von Bayern beauftragt wurden, das Kloster in Vierzehnheiligen wieder

Sankt Franziskusschwestern von Vierzehnheiligen

In Bad Staffelstein befindet sich auch das Mutterhaus der Franziskusschwestern. 1890 wurde diese Gemeinschaft als Hauskrankenpflegeverein von dem Arzt Dr. Peter Nahili gegründet, der mithilfe ehrenamtlich tätiger Frauen die Not von Armen und Kranken lindern wollte. Als immer mehr Frauen diesem Verein beitraten und der Wunsch nach religiöser Gemeinschaft größer wurde, traten die Frauen dem Dritten Orden des heiligen Franziskus bei. 1921 erfolgte die Anerkennung der Gemeinschaft als Kongregation der Sankt Franziskusschwestern, die heute in Deutschland, Peru und Indien sozial-karitativ tätig sind.

Kongregation der Sankt Franziskusschwestern
Vierzehnheiligen 8
D-96231 Bad Staffelstein
Tel. 095671/9560-0
Fax 095671/9560-160
info@franziskusschwestern-vierzehnheiligen.de
www.franziskusschwestern-vierzehnheiligen.de

Angebot
Gottesdienst
Morgen- und Abendandacht
Kloster auf Zeit, Stille Tage, Exerzitien und
  Besinnungswochenenden (nur für Frauen)

aufzubauen und die Wallfahrt wieder zu beleben, hatten also eine enorme Aufgabe vor sich. Sie zogen in das ehemalige Priorat ein, bauten die Kirche wieder auf, die aber im Laufe der Zeit durch Umgestaltungen und unsachgemäße Re-

Kloster Vierzehnheiligen

novierungsarbeiten sehr litt. Erst seit dem Ende der 1990er Jahre erstrahlt die Basilika, die als eine der ersten im Jahr 1897 den Ehrentitel „Basilica minor" erhielt, wieder in ihrem ursprünglichen Glanz.

Seelsorge heute

Die Aufgaben der Franziskaner konzentrieren sich vor allem auf die Betreuung der Wallfahrer. Sie halten täglich Gottesdienste und Gebetszeiten für die Gläubigen ab, betreuen Gruppen und Einzelpilger vor Ort, nehmen die Beichte ab und stehen für Gespräche zur Verfügung. Mit Voranmeldung ist auch eine psychotherapeutische Betreuung von Einzelpersonen möglich.

Bei Führungen durch die Kirche erfährt der Interessierte alles über die Geschichte, die Architektur und die Legenden rund um Vierzehnheiligen. In einem Informationszentrum mit vier Multimedia-Terminals in der Eingangshalle kann sich der Besucher durch die Geschichte von Vierzehnheiligen „klicken".

Dominikaner

Info

Dominikanerkloster Sankt Albertus Magnus
Brucknerstraße 6
D-38106 Braunschweig
Tel. 0531/238 85-0
Fax 0531/238 85-85
Verschiedene Ansprechpartner auf der Homepage
   www.dominikaner-braunschweig.de

Angebot
Messe und Gebet
Bildungshaus mit umfangreichem Programm

Ihrer Herkunft gemäß haben die männlichen Mitglieder des Dominikanerordens den Auftrag, sich auf das Leben der Menschen einzulassen und Antworten zu suchen auf die Fragen der Zeit. Entsprechend leben die Dominikaner inmitten der Städte. Auf der Basis gründlichen Studiums sind sie in unterschiedlichen Feldern der Seelsorge tätig, predigen und sorgen für ein christliches Bildungsangebot.

In Braunschweig wurden die Dominikaner Ende des 13. Jahrhunderts von den Herzögen Heinrich dem Wunderlichen und Albert dem Fetten gebeten, ein Kloster zu gründen. Doch die Bürger der Stadt weigerten sich, einen neuen Konvent zuzulassen. Erst als Papst Clemens V. 1310 einen Klosterbau erlaubte und unterstützte, kamen die Bauarbeiten langsam in Gang, doch erst 1319 genehmigte der Stadtrat offiziell den Klosterbau mit vielen Auflagen für die Dominikaner, die den Pfarreien weder seelsorgerisch noch finanziell Konkurrenz machen sollten. Die Bauarbeiten am Bohlweg, einem Grundstück inmitten der Stadt,

fast in unmittelbarer Nähe des Domes und der Burg Dankwarderode, schritten nur langsam voran: 1343 wurde die Kirche geweiht, aber selbst 1525 waren noch nicht alle Konventgebäude fertiggestellt, als die Dominikaner aufgrund der Reformation in Braunschweig nicht mehr tätig sein durften (Einführung der protestantischen Gottesdienstordnung und des protestantischen Bekenntnisses, 1528) und es 1536 sogar verlassen mussten.

Ende des Klosters

Die Stadt zog die Bibliothek des Klosters 1536 ein. Einige Bestände sind heute in der Braunschweiger Stadtbibliothek und der Herzog-

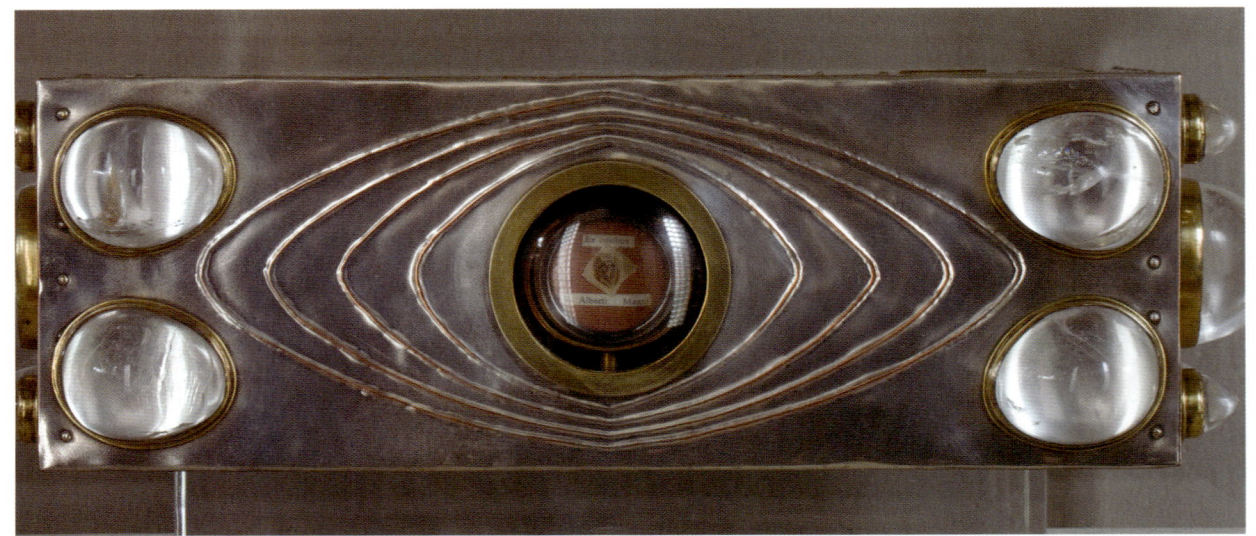

Das Reliquiar birgt einen Handknochen des Namenspatrons des Klosters, Albertus Magnus.

August-Bibliothek in Wolfenbüttel nachweisbar. In der Paulinerkirche, der ehemaligen Klosterkirche, wurde 1546 der Gottesdienst eingestellt. Die Gebäude der Klosteranlage dienten als Warenlager und Geschützhaus. Von 1712 an nutzte Herzog Anton Ulrich die Kirche als Zeughaus. Der Abriss der gesamten Anlage am Bohlweg erfolgte 1902. Nur der Chorraum blieb erhalten, weil er zwar abgerissen, aber an die Kirche Sankt Ägidien wieder angebaut wurde, um als Museum zu dienen. Von der Innenausstattung überdauerte die Kanzel von 1500, die seit 1948 ebenfalls in Sankt Ägidien steht, eine Kusstafel (Pacificiale) aus dem 15. Jahrhundert und eine Steinplastik des heiligen Stephanus, die beide heute im Landesmuseum zu sehen sind.

Neuanfang nach dem Zweiten Weltkrieg

In Braunschweig wurden nach dem Zweiten Weltkrieg viele katholische Vertriebene, besonders Schlesier, angesiedelt, sodass der katholische Bevölkerungsanteil von zwei auf 14 Prozent stieg. Der Dominikanerorden wurde gebeten,

sich in Braunschweig neu anzusiedeln und die Betreuung der katholischen Gemeindemitglieder zu übernehmen. Im Mai 1951 beschloss die deutsche Ordensprovinz die Gründung einer Ordensniederlassung. Das erste Domizil der fünf ausgesandten Dominikaner war eine Etagenwohnung im zweiten Stock eines Mietshauses in der Jasperallee 80. Ihre Aufgabe sollten die Akademiker- und Studentenseelsorge und die Predigertätigkeit an der Propsteikirche Sankt Ägidien sein. 1956 erfolgte die Grundsteinlegung für ein neues Konventgebäude in der Brucknerstraße, und schon ein Jahr später bezog der Orden das Kloster. Im August 1958 wurde schließlich die Kirche dem heiligen Albertus Magnus geweiht.

Seit 1986 ist in einem Teil des Konventes das Bildungshaus der Braunschweiger Dominikaner untergebracht: das Las-Casas-Haus. Die „Deutsche Gesellschaft für christliche Kunst" würdigte

Die Kirche ist erst 1958 geweiht worden. Dennoch befindet sie sich im Zustand ständiger Erneuerung.

Dominikaner

1994 die Neugestaltung des Altarraumes der Jahre 1987 (Altarkreuz Kreuztriologie – Rosenkranz) und 1993 (Umbau der Taufkapelle in eine Marienkapelle) als „beispielhafte innovative Lösung". Der künstlerisch gestaltete Kreuzweg erfuhr 1995 eine Erneuerung.

Aktuelle Bildungsangebote

Für die Gemeinschaft katholischer Akademiker organisieren die Dominikaner gemeinsame Exkursionen, Theaterbesuche und Seminare.

Das Bildungshaus Las Casas hat ein breit gefächertes Kunst- und Kulturprogramm für Jugendliche und Erwachsene. Vorträge und Seminar finden z. B. zu theologischen, spirituellen und historischen Themen statt. Eine Fastenwoche ist eben-

Das Kreuz hinter dem Altar ist ein Werk von Gerd Winner und trägt den Namen „Passio" (1987). Die drei dreidimensionalen Elemente haben eine dreieckige Grundfläche und sind drehbar, sodass sich dem Betrachter unterschiedliche (auch farbige) Ansichten präsentieren.

Zu viele Berufene, die dem Armutsideal folgten, predigten frei auf Straßen und Plätzen und legten die Bibel aus, wie sie diese verstanden. Sie fanden sich zu immer größeren Gemeinschaften zusammen und waren von der Kirche nicht mehr zu beherrschen. Diese Auseinandersetzung mit den ketzerischen Bewegungen Ende des 12. und zu Beginn des 13. Jahrhunderts in Südfrankreich und anderswo führte zu dem Vorschlag des Klerikers Dominikus von Osma, die Ketzer mit ihren eigenen Waffen zu schlagen. Als gelehrter Kleriker wollte auch er in Armut leben und auf der Wanderschaft die christliche Botschaft predigen, um die Menschen wieder in die Kirche zurückzuführen. Dieser Vorschlag wurde angenommen.

Für seine Gemeinschaft wählte Dominikus 1216 die augustinische Regel. (Seit 1215 durften Ordensneugründungen auf päpstlichen Beschluss nur noch zwischen der benediktinischen oder der augustinischen Regel wählen – mit eigenen Modifikationen.) Die wissenschaftliche Ausbildung und das theologische Studium im Kampf gegen die Ketzer blieben Pflicht und Auftrag für alle Mitglieder des Bettelordens. Das Studium ermöglichte sogar einen Dispens von den festen Gebetszeiten.

Im Bau ihrer Stadtklöster glichen die Dominikaner den Franziskanern. Nur in einem Punkt gab es einen Unterschied: Statt eines gemeinsamen Schlafsaals gab es von Anfang an Einzelzellen, um den Mönchen ein ungestörtes Studium zu ermöglichen.

Auch der Dominikanerorden blieb von der Diskussion um das Armutsprinzip nicht verschont. Dieses wurde im 15. Jahrhundert faktisch aufgehoben, als dem Orden Besitz und feste Einkünfte vom Papst erlaubt wurden. So konnte eine Spaltung vermieden werden. Heute sind weltweit rund 6000 Brüder und über 30 000 Schwestern seelsorgerisch und karitativ in ihren Gemeinden tätig.

so im Programm wie Seminare für Heiratswillige, Ehepaare, deren Kinder aus dem Haus sind, oder Vorträge zu Albertus Magnus, der Geschichte der Dominikaner in Braunschweig und der Inquisition. Regelmäßig finden Kinovorstellungen und Ausstellungen zeitgenössischer Kunst statt.

Ein besonderer Schwerpunkt der Arbeit der Dominikaner in Braunschweig liegt im Themenbereich „Homosexualität und Kirche" im Bistum Hildesheim. Das Kloster Sankt Albertus Magnus fungiert hier als Ansprechpartner für Betroffene und Angehörige.

Neben diesen Programmen ist natürlich jedermann zu den täglichen Gottesdiensten und Gebeten willkommen.

Die Madonna (1993) ist ebenfalls ein Werk von Gerd Winner. Sie steht in der Marienkapelle.

Dominikanerinnen

Info

Gästehaus Kloster Arenberg
Cherubine-Willimann-Weg 1
D-56077 Koblenz
Tel. 0261/6401-0
Fax 0261/6401-3454
info@kloster-arenberg.de
www.kloster-arenberg.de

Angebot

Messe und Stundengebet
Gesprächsbegleitung (auf Wunsch)
Tägliche Meditationsübung
Christliche Morgen- und Nachtimpulse
Gesprächskreise
Gästekapelle
Kräutergarten
Klosterladen
Vitalzentrum

Ludwig der Deutsche schenkte dem Kloster Sankt Marien in Herford den 868 erstmals urkundlich erwähnten Ort Arenberg. Dieser Ort wäre wohl nach dem Dreißigjährigen Krieg, als der Erzbischof von Trier ihn 1692 gekauft hatte, in der Bedeutungslosigkeit versunken, wenn nicht Pfarrer Johann Baptist Kraus 1834 eine „Revitalisierungskur" beschlossen hätte. Er machte aus dem kleinen rechtsrheinischen Dorf oberhalb von Koblenz einen bekannten Wallfahrtsort und gründete eine Schule, deren Betrieb 1844 aufgenommen wurde. 1852 waren die Erlöserkapelle und der Kreuzweg, „die heiligen Orte von Arenberg", fertiggestellt. 1860 ersetzte ein größerer Kirchenbau, Sankt Nikolaus, die kleine Kapelle. Seit 1987 steht die sogenannte Arenberger Landschaftsbilderbibel unter Denkmalschutz.

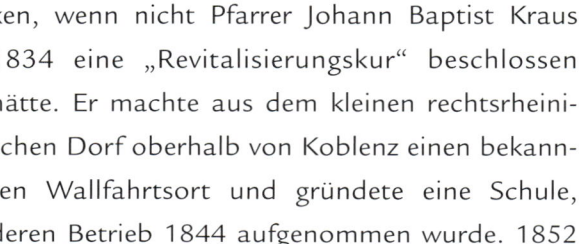

Die Gästekapelle

Pfarrer Johann Baptist Kraus schuf in einer Parklandschaft bei Arenberg „Die heiligen Orte zu Arenberg" (1845–1860), eine Landschaftsbilderbibel. Biblische Szenen und die Kreuzwegstationen sind figürlich in verschiedenen Themenbereichen des Parks dargestellt: Der Garten gliedert sich in den Ölberg (Darstellung der Stadt Jerusalem), den Garten Gethsemane (Grotten mit den Jüngern, Christus, Judas), den Mariengarten (Mariä Verkündigung, Geburt, Szenen aus dem Marienleben), den Antoniusgarten (neben einer Nachbildung der Grotte von Lourdes und der Klause von Franz von Assisi befinden sich hier auch eine Antoniuskapelle und eine Statue des heiligen Antonius an einem Weiher stehend und den Fischen predigend) und den Erlösergarten (Vertreibung aus dem Paradies, Erlösung von dem Bösen, Herz-Jesu-Grotte). Dazwischen sind die Kreuzwegstationen als Sandsteinreliefs gestaltet. Die einzelnen Gärten folgen einem Rundweg von der Wallfahrtskirche ausgehend, sodass Gläubige den Weg abschreiten und bei den einzelnen Grotten und Kapellen verweilen und/oder beten können.

Der Rundweg durch die Pfarrer-Kraus-Anlagen verläuft nicht in chronologischer Ordnung entlang der Kreuzwegstationen, sondern führt von der Kirche über den Ölberg, den Mariengarten, den Kreuzweg Christi, durch den Antoniusgarten und den Erlösergarten zurück zur Kirche.

Durch die Wallfahrer erlebte der Ort Arenberg einen relativen Wohlstand, sodass sich Geschäfte und Gasthäuser ansiedelten.

Mutter Cherubine Willimann

Josefa Willimann (1842–1914), geboren in Rickenbach/Schweiz, trat 1864 in das Dominikanerinnenkloster Sankt Peter in Schwyz ein. Die dortige strenge Klausur (Zweiter Orden der Dominikaner) der Nonnen entsprach anfänglich ihren Bedürfnissen, aber ihre Gesundheit litt unter den Anforderungen. Als der Arenberger Pfarrer Johann Baptist Kraus 1868 das Kloster darum bat, ihm einige Nonnen als Hilfe zur Betreuung seiner Wallfahrt und Pfarrgemeinde zu senden, kam Josefa nach Arenberg. Hier bestand scheinbar schon ein kleiner Konvent, denn diesem trat sie mit zwei weiteren Schweizer Dominikanerinnen bei. Josefa nahm hier den Namen Cherubine an und hatte ihre Berufung gefunden. In den folgenden Jahren wurde sie zur dominanten Figur, als es darum ging, das neue Kloster zur geistigen Blüte zu führen, sodass sie heute gemeinhin als Gründerin der „Schwestern der heiligen Katharina von Siena vom Dritten Orden des heiligen Dominikus" und des Klosters Arenberg gilt.

Heute betreiben die Arenberger Dominikanerinnen mehrere Krankenhäuser (Stiftung), ein Seniorenheim und Gästehäuser. Außerdem gründeten sie weitere Konvente, sodass ihre Kongregation neben dem Mutterhaus in Koblenz Standorte in Berlin, Michendorf, Düsseldorf, Oberhausen, Kirn, Daleiden/Eifel sowie in der Schweiz und in Bolivien umfasst.

Auf den Spuren von Sebastian Kneipp

Im Arenberger Kloster war in der Vergangenheit ein Sebastian-Kneipp-Sanatorium untergebracht, das aber nicht mehr rentabel war. So entschlossen sich die Schwestern zu einem modernen Umbau des Gästehauses und des Sanatoriums, um ein ganzheitlich ausgerichtetes Gesundheitszentrum zu schaffen. Der Begriff Wellness, im Verständnis von rein körperlichem Wohlbefinden, würde hier zu kurz greifen. Die Arenberger Schwestern beziehen sich in ihrem ganzheitlichen Verständnis einerseits auf Sebastian Kneipp, der in seiner Gesundheitslehre auch mehr bietet als nur Wasseranwendungen (er sieht ausreichende

Die Arenberger Dominikanerinnen sind Angehörige des Dritten Ordens der Dominikaner, dem auch die heilige Katharina von Siena angehörte, die Namens- und Schutzpatronin der Arenberger Kongregation. Katharina von Siena (1347–1380) hatte schon als kleines Mädchen ihre ersten Visionen, die sie veranlassten, ihr zukünftiges Leben Gott und Jesus Christus widmen zu wollen. Mit ihrer Weigerung, sich mit zwölf Jahren zu vermählen, begann sie im Hause ihrer Eltern ein Leben der Buße und Askese. 1363 trat sie in den Dritten Orden der Dominikaner ein, und nach einer weiteren Vision gab sie ihr asketisches Leben auf und wirkte fortan karitativ in der Kranken- und Armenpflege. Nachdem ihre Frömmigkeit und Wohltätigkeit über die Region hinaus bekannt geworden waren, musste sie sich 1374 einer Überprüfung durch den Dominikanerorden unterziehen. Die Untersuchung endete mit der Erlaubnis, zu predigen und im Dienst der Kirche zu reisen. Als geistlicher Führer wurde ihr Raimund von Capua zur Seite gestellt, der später auch ihre Schriften veröffentlichte und als ihr Biograf fungierte. Katharina von Siena war Mystikerin, Predigerin und Seelsorgerin, und mit ihren Schriften (381 erhaltene Briefe, Hauptwerk „Buch über die göttliche Vorsehung" von 1378) war sie auch kirchenpolitisch aktiv, sodass ihr der Titel Kirchenlehrerin (1970) zuerkannt wurde. 1461 heiliggesprochen wurde sie 1939 sie zur Schutzpatronin Italiens ernannt und 1999 gemeinsam mit Birgitta von Schweden und Edith Stein zur europäischen Schutzpatronin.

Bewegung, eine gesunde Ernährung und den Einsatz von Kräutern vor und propagiert eine geregelte Lebensführung); andererseits erweitern sie diese Gesundheitslehre durch die Begriffe „Gemeinschaft" und „Herz". Der Mensch erlebt sich als soziales Wesen nur in der Gemeinschaft, die er auch im Sinne einer spirituellen Gemeinschaft braucht – als Gruppe oder im Einzelgespräch mit einer Schwester. Das Herz ist für die Arenbergerinnen die Mitte des Menschen, also der Punkt, an dem er seine Ganzheit mit all seinen Kräften begreift und Gott nahe sein kann.

Erholen – Begegnen – Heilen

Mit diesen drei Begriffen umreißen die Dominikanerinnen ihr umfassendes Programm, das von Gesundheitsanwendungen (Kneipp'sche Hydrotherapie, Fitness- und Entspannungskurse, Ernährungsberatung) über sportliche und kreative Angebote (Basteln, Singen, Wandern) bis hin zu Gemeinschaftserlebnissen zwischen Gästen und Schwestern sowie der Begegnung mit sich selbst und Gott reicht (Meditation, Bibellesungen, Gebete).

Oben: Pfarrer Kneipp (dessen Porträt an der Wand hängt) „wacht" über den Gebrauch der Kräuter im 21. Jahrhundert.

Rechts: Ein Blick in die Lobby

Einleitung Kapuziner

Die Kapuziner (Orden der Minderen Brüder Kapuziner – OFMCap) sind ein franziskanischer Bettelorden, der sich im Verlauf des 16. Jahrhunderts vom Franziskanerorden abgespalten hat – übrigens ebenso wie die Minoriten. Diese drei, Franziskaner, Minoriten und Kapuziner, bilden heute zusammen den Ersten Orden der Franziskaner.

Schon kurz nach dem Tod von Franz von Assisi gab es erste Probleme der Regelauslegung, insbesondere hinsichtlich der Armut des Einzelnen und des Ordens. Reformer bemühten sich um eine strengere Regelauslegung und eine Rückkehr zu den Idealen des heiligen Franziskus. Es gab die in die städtische Seelsorge eingebundenen Franziskaner, die in großen Konventen lebten (Konventualen, die späteren Minoriten – OFMconv), und die Brüder, die sich auf Franziskus beriefen und eine strengere Regelbefolgung (Observanz) befürworteten, die eigentlichen Franziskaner (Orden der Minderen Brüder – OFM). Diesen gehörte Bruder Matteo da Bascio an, der 1525 unerlaubt sein Kloster in Mittelitalien verließ, um dem Vorbild Franz' von Assisi zu folgen: mittellos und predigend durch die Welt zu ziehen. Wieder „eingefangen" entging er nur durch die Fürsprache von Katharina von Cibo (einer Nichte von Papst Clemens VII.) einer harten Bestrafung, die Matteos selbstlosen Einsatz bei Kranken, besonders Pestkranken, bewunderte. Kurze Zeit später verschwand Matteo wieder, diesmal mit zwei dazugewonnenen Anhängern. Diese drei wurden, da sie nicht wieder eingefangen werden konnten, aus der Kirche ausgeschlossen. Doch ihr Einsatz für die Sterbenden während der Pest 1527 im Herzogtum Camerino veranlasste Katharina von Cibo, von ihrem Onkel einen Schutzbrief für die Mönche zu erbitten, den diese auch 1528 erhielten. Sie durften nun wandern und predigen, lebten in kleinen Einsiedeleien in Stadtnähe und kümmerten sich um Kranke und Arme. Ihr Habit war die franziskanische braune Kutte, jedoch mit einer spitz auslaufenden Kapuze. (Der Habit der Minoriten ist schwarz.)

In der Zeller Kerzenkapelle

Der neue Orden breitete sich im Verlauf des 16. Jahrhunderts rasch über Italien, Frankreich, Spanien, die Schweiz und Deutschland aus Nördlich der Alpen wurden die Kapuziner neben den Jesuiten zur stärksten katholischen Kraft der Gegenreformation. Heute leben weltweit rund 11 000 Kapuziner in 1650 Niederlassungen.

Info

Kapuzinerkloster Zell
Klosterstraße 1
D-77736 Zell am Harmersbach
Tel. 07835/6389-0
Fax 07835/6389-50
zell@kapuziner.org
www.kapuziner.org

Angebot
Gottesdienst und Gebet (täglich)
Exerzitien
Besinnungstage
Seminare
Gästehaus
Wallfahrt

Zell am Harmersbach gehörte zur Grundherrschaft des ehemaligen Benediktinerklosters Gengenbach in Baden-Württemberg (8. Jh. bis 1803), in dem heute Franziskanerinnen leben. 1139 wurde Zell erstmals urkundlich erwähnt, war seit dem 14. Jahrhundert kleinste Freie Reichsstadt im Deutschen Reich, bis es 1803 an das Herzogtum Baden fiel.

Um 850 soll eine erste Marienkapelle aus Holz in Zell errichtet worden sein, die eine Marienstatue beherbergte, die in einem Rosenstrauch gefunden worden war. Diese „Maria zur Rose" wurde bald als wundertätig verehrt, sodass nach einer alten Chronik Bischof Werner von Straßburg Anfang des 11. Jahrhunderts die erste Steinkirche errichten ließ, um Pilger aufzunehmen. Den Namen „Maria zu den Ketten" bekam das Marienbild durch folgende Begebenheit: Während der Kreuzzüge geriet ein Schmiedegeselle aus Schuttern in maurische Gefangenschaft und sollte als Sklave verkauft werden. Er bat „Maria in der Rose" um Beistand und um seine Freiheit, die er auch erhielt. Als Dank brachte er Maria seine Ketten dar, die dem Gnadenbild seinen neuen Namen gaben. Ein weiteres Ereignis festigte den Glauben der Pilger und Wallfahrer an die Wundertätigkeit der Zeller Maria. Als während der Hussitenkriege Eisen Mangelware war und die Obrigkeit der Wallfahrerei ohnehin gerne ein Ende bereiten wollte, sollten die Ketten in Hufeisen umgeschmiedet werden. Doch während des Schmiedens verschwanden die Ketten auf mysteriöse Weise und hingen sodann wieder an dem Gnadenbild in der Kirche.

Im Laufe der Jahrhunderte nahm der Pilgerstrom derart zu, dass die Kirche mehrmals erweitert werden musste – die letzte Umbaumaßnahme erfolgte 1911 –, sodass die Kirche Maria zu den Ketten heute zu den größten Wallfahrtskirchen in Baden gehört.

Die Kapuziner in Zell

Die Wallfahrt in Zell wurde seit dem 17. Jahrhundert durch Kapuzinermönche aus dem südlich von Zell gelegenen Kloster Haslach betreut, das 1803 zwar aufgelöst wurde, aber dem Abriss entging. Es ist heute die einzige in ihrem ursprünglichen Zustand erhaltene Kapuzinerklosteranlage in Süddeutschland. In den alten Konventgebäuden ist das Schwarzwälder Trachtenmuseum untergebracht.

Im ganzen 19. Jahrhundert bis zu Beginn des 20. Jahrhunderts wurden die Pilger besonders an den hohen Festtagen von Kapuzinern aus Straßburg betreut.

1920 wurde direkt neben der Wallfahrtskirche eine neue Klosteranlage gebaut. Im angrenzen-

den Gästehaus, dem Haus der Begegnung Sankt Fidelis, sind Einzelgäste und Gruppen den Kapuzinern willkommen.

Eine Begegnungsstätte

Das Gästehaus Sankt Fidelis verstehen die Kapuziner als Stätte der Begegnung mit sich selbst, mit Gott und den Mitmenschen. So können sich Besucher in die Stille des Hauses zurückziehen, um persönliche schwierige Lebenssituationen, bei Bedarf im Gespräch mit einem Kapuziner, zu klären, oder an den angebotenen Exerzitien, Meditationen oder Seminaren teilnehmen, deren Themen von Spiritualität im Alltag über Kreatives wie Ikonenmalerei und Tanz bis hin zur Auseinandersetzung mit Ängsten und Zukunftswünschen reichen.

Links: In der Sakristei

Rechts: Die Klosteranlage von Zell

Salesianerinnen

Das imposante Bergpanorama hinter dem Kirchturm macht dem Besucher seine eigene Begrenztheit bewusst.

Info

Kloster der Salesianerinnen Dietramszell
Klosterplatz 1
D-83623 Dietramszell
Tel. 080 27/801
Fax 080 27/830
kloster.dietramszell@t-online.de
www.kloster-dietramszell.de

Angebot
Gottesdienst und Gebet
Exerzitien
Tage der Stille
Konzerte
Klosterführungen
Klosterbibliothek
Klosterladen

1099 gründete Abt Udalschalk vom Benediktinerkloster Tegernsee ein Kloster in Dietramszell, das den Namen „Cella beati Martini" trug. Obwohl im Mutterkloster die Regel Benedikts galt, orientierten sich die Chorherren in Dietramszell an der Regel des Augustinus. Im Laufe der nächsten Jahrzehnte bürgerte sich für das Kloster der Name Dietramszell ein, nach dem Gründerprobst Dietram. Der Name ist erstmals in einer Urkunde von Papst Alexander III. aus dem Jahr 1170 belegt.

Da es fortwährend mit dem Mutterkloster Tegernsee Streitigkeiten um die rechtliche und somit auch finanzielle Stellung von Dietramszell gab, entwickelte sich das Kloster nie zu einer wohlhabenden und einflussreichen Propstei. Eine kurze Blüte erlebte das Chorherrenstift während des Barock. Ab 1729 wurde unter Propst Dietram II. Hieper mit dem barocken Umbau der Klosteranlage begonnen. 1795 wurden die letzten Arbeiten an der Klosterkirche ausgeführt (die Installation der Orgel), doch lange konnten sich die Augustiner nicht an ihrer Anlage erfreuen, denn 1803 wurde das Kloster aufgelöst.

Die Gebäude blieben erhalten, weil die eine Hälfte in den Privatbesitz einer Familie Schilcher überging und die andere Hälfte an die Klarissen von Sankt Jakob am Anger in München, die Dietramszell als sogenanntes Aussterbekloster (ein Kloster, das keine Novizen mehr aufnehmen darf) nutzen durften.

Die Salesianerinnen

Als die verwitwete Baronin Johanna Franziska von Chantal 1604 den damaligen Bischof von Genf-Annecy Franz von Sales kennenlernte, wurde er nicht nur ihr geistlicher Lehrer, sondern durch ihn verspürte sie auch den Wunsch, in der christlichen Nächstenliebe aktiv zu sein und dennoch ein beschauliches Leben zu führen. Eine derartige Gemeinschaft gab es zu dieser Zeit nicht, sodass Franz von Sales und Johanna von Chantal am 6. Juni 1610 in Annecy das erste Kloster der „Schwestern von der Heimsuchung Mariens" gründeten (Heimsuchung = Besuch/ Visitation; aus diesem Grund werden die Salesianerinnen auch Visitantinnen genannt). Der Ordensname bezieht sich auf den Besuch der schwangeren Maria bei Elisabeth und sollte ein Zeichen für die karitative Tätigkeit der Nonnen sein, die Arme, Kranke und Bedürftige zu Hause aufsuchen sollten, um sie zu unterstützen. Ihre Kraft für diese tätige Nächstenliebe sollte aus dem Gebet kommen: Gottesliebe durch Nächstenliebe zeigen. Doch diese Ordensregel wurde so zunächst nicht genehmigt. Erst mit der Umwandlung in einen eher kontemplativen Orden wurde dieser 1618 von Papst Paul V. anerkannt. Die Gemeinschaft fand sehr schnell viele Anhängerinnen. Als Johanna von Chantal 1641 starb, existierten bereits 87 Klöster. 1665 wurde Franz von Sales heiliggesprochen und 1767 dann auch Johanna Franziska von Chantal.
Heute ist der Orden weltweit vertreten. Neben dem Gebet widmen sich die Schwestern auch der Erwachsenenbildung und der Erziehung.

Blick auf den Hochaltar der Kirche Sankt Maria Himmelfahrt

Übernahme durch die Salesianerinnen

1831 kamen Salesianerinnen aus Indersdorf nach Dietramszell und übernahmen den ehemaligen Klarissenflügel. Wie in Indersdorf gründeten sie auch hier eine Schule für Mädchen. 1858 konnten die Schwestern schließlich den Rest der Klosteranlage erwerben.

Als die Mädchenschule 1992 geschlossen wurde, stellten die Nonnen ihre Räumlichkeiten einer Montessori-Schule aus der Nachbargemeinde zur Verfügung. Des Weiteren befindet sich im Klostergebäude ein Kindergarten.

Sehenswert ist neben der Klosterkirche mit der barocken Innenausstattung von Johann Baptist Zimmermann und Franz Xaver Schmädl, die die Säkularisation weitgehend im Originalzustand überlebt hat, auch das Klostergebäude, das dem Besucher bei Führungen einen Einblick in die Geschichte des Klosters, der Salesianerinnen und

Salesianerinnen

des Ordenslebens gewährt. Zugänglich sind der Barocksaal, die Alte und Neue Propstei, das Fürstenzimmer und noch einige andere Räumlichkeiten. Die Klosterbibliothek umfasst einen umfangreichen Präsenzbestand zur Geschichte der Spiritualität vom 18. bis ins 21. Jahrhundert sowie zur Ordensgeschichte in Europa. Des Weiteren finden Klosterkonzerte, Ausstellungen, Vorträge und Seminare statt. Ein Programm wird auf Anfrage zugeschickt. Ein winterliches Highlight ist der Christkindlmarkt, der am dritten Advent im Klosterinnenhof stattfindet. Im Klosterladen verkaufen die Schwestern neben Golddrahtarbeiten nach traditionellen Mustern auch Fatschenkindel. Das sind kleine Jesuspuppen, die auf eine besondere Art und Weise mit langen Bändern umwickelt (gefatscht) sind und die früher die Nonnen von Verwandten als Trost für den Verzicht auf eigene Kinder geschenkt bekamen.

An der spätbarocken Innenausstattung arbeiteten Johann Baptist Zimmermann und Franz Xaver Schmädl.

Info

Trappistenabtei Mariawald
D-52396 Heimbach
Tel. 02446/9506-0
Fax 02446/9506-30
pforte@kloster-mariawald.de
www.kloster-mariawald.de

Angebot

Gottesdienste
Gebetszeiten
Gästehaus
Einkehrtage
Buchhandlung
Buchverlag
Klosterladen
Gastronomie

Wie bei so vielen Klöstern begann auch die Geschichte Mariawalds mit der Verehrung einer Marienstatue und der folgenden Pilgerbetreuung.

1470 stellte der Strohdachdecker Heinrich Fluitter eine von ihm erworbene Pietà an eine Wegkreuzung auf dem Kermeter (Höhenzug in der Eifel) in einem Baum zur Verehrung auf. Als diese Gedenk- und Betstätte von immer mehr Pilgern besucht wurde, baute Fluitter zuerst eine Kapelle und dann eine Zelle für sich, in der er bis zu seinem Tod lebte und die Pilger betreute.

1479 errichtete Pfarrer Johann Daum an dieser Stelle eine kleine Holzkirche und bat die Zisterzienser vom Kloster Bottenbroich um Hilfe bei der Pilgerbetreuung. Ein Jahr später, 1480, schenkte Daum den Zisterziensern den Baum, die Kirche und ein entsprechendes Gelände zum Bau eines Klosters, mit der Maßgabe der Wallfahrtsbetreuung. Am 4. April 1486 bezogen die ersten Mönche das neue Klostergebäude, sodass

Die Klosterkirche

dieser Tag als Gründungsdatum des Klosters gilt, das den Namen „Nemus Mariae" (Mariawald) erhielt.

Aufbau und Vertreibung

1494 wurde mit dem Bau einer Steinkirche begonnen, die 1539 geweiht wurde. Die Pietà wurde bereits 1529 in ein wertvolles Retabel aus Antwerpen integriert, das diverse Szenen aus dem Leben Jesu zeigt. Der Schnitzaltar mit dem Antwerpener Retabel überlebte die wechselvolle Geschichte des Klosters nur, indem er 1804 aus dem Kloster in die Heimbacher Pfarrkirche gebracht wurde. Prächtige Glasfenster zierten die Klosterkirche, den Kreuzgang und den Kapitelsaal.

Bis 1795 lebten die Zisterziensermönche in Mariawald, als mit der Besetzung des Rheinlandes durch französische Truppen ein gravierender Einschnitt erfolgte, das Kloster aufgehoben und der Besitz versteigert oder einfach geplündert wurde. 1860 wurden die verfallenen Gebäude und das Klostergelände von Abt Ephren van der

Meulen aus der Trappistenabtei Oelenberg im Elsass erworben und wieder aufgebaut, sodass 1861 wieder Mönche einziehen konnten. Weil das Kloster in französischem Besitz war, konnte es zwar während des Kulturkampfes 1875 aufgelöst, aber nicht enteignet werden, sodass nach kurzer Unterbrechung 1887 die Trappisten erneut einziehen konnten. 1909 wurde Mariawald zur Abtei erhoben. Während der Erste Weltkrieg personelle Verluste aufgrund des Kriegsdienstes brachte, wurde während des Zweiten Weltkrieges die Abtei wegen „staatsfeindlicher Aktivitäten" aufgelöst. Es wurde ein Waisenhaus, später ein Feldlazarett eingerichtet – auf dem Klostergelände befindet sich ein Ehrenfriedhof für die Gefallenen –, und durch den nahen Verlauf der Front (Westfront, Ardennenoffensive) wurde das Kloster weitgehend zerstört. Der Wiederaufbau begann 1945. So stammt ein großer Teil der Gebäudeausstattung, insbesondere das Kircheninnere, aus den Nachkriegsjahren.

Kontemplatives Leben

Die Abtei Mariawald ist das einzige Trappistenkloster für Männer in Deutschland, einem rein kontemplativen Orden. Die Mönche leben sehr zurückgezogen in strenger Klausur, ihr Tag wird gegliedert von dem Rhythmus aus Gebet und Arbeit. Einen großen Teil des Tages verbringen sie schweigend. Gäste können daher nur an den Gebeten und Gottesdiensten teilnehmen. Männer dürfen auch für einige Zeit im Gästehaus das Leben der Mönche teilen. Interessierte Frauen können dies in einem der beiden Trappistinnenklöster in Deutschland. In der Nähe liegt die Trappistinnenabtei Maria Frieden in Dahlem (Abtei Maria Frieden, Ursprungstraße 40, D-53949 Dahlem/Eifel, Tel. 02447/1474).

Die Klosterprodukte, mit denen die Mönche ihren Lebensunterhalt erwirtschaften, sind im Klosterladen oder in der Gastronomie erhältlich. Bekannt und beliebt ist besonders die Mariawalder Erbsensuppe, deren Rezeptur, entstanden in den 1950er Jahren, von den Mönchen gehütet

Armand-Jean Le Bouthillier de Rance flossen als Adelsspross Einkünfte aus mehreren Abteien zu, u.a. aus dem Zisterzienserkloster La Trappe in der Normandie, das er 1660 besuchte. Sowohl die Gebäude als auch die Sitten der Mönche waren in einem beklagenswerten Zustand. Nach mehreren Schicksalsschlägen wandte sich de Rance dem mönchischen Leben zu und trat als Novize in La Trappe ein. Hier wurde er bereits 1664 zum Abt gewählt. Seine Biografie veranlasste de Rance zu strengen Reformen, um zu den ursprünglichen benediktinischen Regeln von Citeaux zurückzukehren. Sein Schwerpunkt lag auf Buße, Askese und schwerer Arbeit. Während der Französischen Revolution mussten die Mönche von La Trappe mit ihrem Novizenmeister Augustin de Lestrange in die Schweiz fliehen. Dort besiedelten sie das ehemalige Kartäuserkloster La Valsainte. De Lestrange vertrat eine noch strengere Regelauslegung als de Rance, sodass am Ende des 19. Jahrhunderts mehrere reformierte Kongregationen entstanden waren, die von Papst Leo XIII. 1892 zu einem einzigen Orden zusammengeschlossen wurden: dem Orden der Zisterzienser der Strengeren Observanz. Umgangssprachlich werden die Ordensmitglieder nach ihrem Mutterkloster La Trappe auch Trappisten genannt.

wird. Weitere bekannte Eigenprodukte sind Honig, Fruchtaufstriche, Liköre, Kräuterschnaps, Kosmetik und Pralinen. In einem angeschlossenen Buchverlag werden sowohl Ordensliteratur als auch eigene Drucke herausgegeben.

Kloster Mariawald in Heimbach

Pallottiner

Geistliches Haus der Pallottiner Sankt Josef Hersberg
Schloss Hersberg
D-88090 Immenstaad/Bodensee
Tel. 07545/935-0
Fax 07545/6160
stjosefhersberg@t-online.de
www.hersberg.de

Angebot
Gottesdienst an Sonn- und Feiertagen
Fastenwochen
Besinnungstage
Mitfeier der Kar- und Osterwoche
Weihnachtsfreizeit (für Alleinstehende)
Umfangreiches Kursprogramm

Diese Madonna hängt in der alten Schlosskapelle, in der nur noch selten eine Messe gefeiert wird. Zu bestimmten Anlässen wird sie für liturgische Feiern im kleinen Kreis gelegentlich genutzt. Die Schlosskapelle ist zwar nicht von außen zugänglich, wohl aber für Klostergäste.

Die Pallottiner

Die „Gesellschaft des Katholischen Apostolats", 1835 von Vinzenz Pallotti in Rom gegründet (1843 folgte die Frauenkongregation), ist eine apostolische Gemeinschaft innerhalb der katholischen Kirche, also kein „echter" Orden: Die Mitglieder (Priester, Brüder und Schwestern) legen kein Gelübde vor Gott ab, sondern der Gemeinschaft gegenüber. Sie geloben Armut, Ehelosigkeit, das Teilen aller irdischen Güter in der Gemeinschaft und den selbstlosen Dienst an Gott und ihren Mitmenschen. Diesem apostolischen Auftrag dienen die Pallottiner, so genannt nach ihrem Gründer, durch eine aktive Seelsorge, durch verschiedenste Bildungsangebote, durch wissenschaftliche und religiöse Weiterbildung und durch die Mission in allen Erdteilen. Die Gemeinschaft ist in Lateinamerika, Afrika, Indien und Australien mit rund 2500 Mitgliedern vertreten.
Die deutschsprachigen Pallottiner Provinzen (zwei deutsche und eine österreichische) haben sich 2007 zur deutschsprachigen „Herz-Jesu-Provinz" zusammengeschlossen.

Die früheste geschichtliche Nachricht über den Hersberg ist einer Urkunde von 1276 zu entnehmen; sie nennt die Brüder Berctoldus und Heinricus von Herisberch. Eine Urkunde von 1466 nennt als Besitzer einen Jos Rudolph, „ratsfähigen" Bürger von Überlingen, der sich nach seiner Neuerwerbung „von Hersberg" nannte.

1618 wurde das Schloss an das Benediktinerkloster Ochsenhausen verkauft, einen der größten Grundbesitzer in Oberschwaben. Die Benediktinerinnen ließen das Renaissanceschloss mit seinen markanten Staffelgiebeln teilweise neu errichten und umbauen. Bis zur Säkularisation 1803 blieb Hersberg im Besitz des Klosters. Nach seiner Auflösung fiel der Bau an Franz Georg von Metternich. 1830 verkauften die Metternichs an Freiherr Gremp von Freudenstein, der schließlich 1838 an den „Altgrafen" Salm von Reifferscheidt verkaufte. 1929 erwarben die Pallottiner den Komplex von der Fürstenfamilie. Das Schloss liegt idyllisch inmitten der hügeligen Bodenseelandschaft, umgeben von Weinbergen. Die Gemeinde Immenstaad, zu der Schloss Hersberg gehört, ist ein familienfreundlicher Urlaubsort, der zu Wanderungen und dem Besuch der umliegenden Sehenswürdigkeiten einlädt.

Durch den tiefen Glauben seiner Eltern geprägt, ließ sich Vinzenz Pallotti, geboren am 21. April 1795 in Rom, im Alter von 23 Jahren zum Priester weihen. Seine Glaubenserfahrung, dass Gott alle Menschen liebt und sich diese Liebe in ihnen manifestiert, wenn sie nur an ihn glauben, wollte er mit anderen teilen bzw. ihnen diesen Glauben bringen, um Hoffnung zu geben. So kümmerte er sich in Rom um Menschen, die im Leben zu kurz gekommen, verzweifelt und mutlos waren. Dieses Sendungsbewusstsein wollte er mit Menschen teilen, die ebenso wie er an die Liebe Gottes glaubten, egal ob Priester, Laien oder Ordensleute, denn nach seiner Auffassung ist jeder getaufte Mensch in der Lage, anderen Menschen den „Gott der unendlichen Liebe" nahezubringen.

Diese Aufgabe, zu der sich Pallotti berufen fühlte, trieb ihn sein Leben lang an, sodass er wenig auf seine ohnehin schon schwache Gesundheit achtete. Er starb 55-jährig am 22. Januar 1850 in Rom. Papst Johannes XXIII. sprach ihn 1963 heilig.

Das Haus Sankt Josef Hersberg

Im geistlichen Haus Sankt Josef, das außer für Kursteilnehmer nur von außen besichtigt werden kann, bieten die Pallottiner ein umfangreiches Kursprogramm an. Es reicht von Besinnungstagen und Fastenwochen über Kreativangebote wie Ikebana bis hin zur meditativen Bewegung wie Tanz, Tai Chi oder Qi Gong. Alle Kurse werden von Fachleuten geleitet. Übernachtung und Verpflegung finden im Haus statt.

Nächste Seite: Schloss Hersberg inmitten der Weinberge am Bodensee

Unten: Die Kapelle

Info

Kloster Benediktbeuern der Salesianer Don Boscos
Don-Bosco-Straße 1
D-83671 Benediktbeuern
Tel. 088 57/88-0
Fax 088 57/88-199
info@kloster-benediktbeuern.de
www.kloster-benediktbeuern.de

Angebot

Messe und Gebet (täglich)
Klosterbesichtigungen
Klosterführungen
Kloster zum Mitleben (für Männer)
Besinnungstage
Bildungs- und Kulturprogramm
Zentrum für Umwelt und Kultur
Gästehäuser
Klosterladen
Gastronomie

Benediktbeuern ist eines der ältesten Klöster Oberbayerns. Seine Gründung 739/740 fällt mit der Gründung des Bistums Oberbayern durch Bonifatius zusammen. Das Kloster Buron (bur, ahd. für Hof, Gehöft) war eine Stiftung des einheimischen Adelsgeschlechts Huosi, ihrerseits Vasallen von Karl Martell, denen das Land um den Kochelsee gehörte. Der Klostergründer Lantfrid wurde von Bonifatius als erster Abt von Buron eingeführt. Später weihte Bonifatius auch persönlich die Klosterkirche. Karl der Große schenkte dem Kloster eine Unterarmreliquie des heiligen Benedikt, woraufhin das Kloster seinen heutigen Namen annahm.

Die Mönche christianisierten die Bevölkerung und machten das Land um den Kochel- und den Walchensee urbar. Da die Abtei verkehrsgünstig an einigen wichtigen Fernstraßen lag (von/nach

Pater Leo Weber SDB

Italien, Ungarn), wurde sie im 10. Jahrhundert fast durch die Ungarneinfälle vernichtet.

1031 übernahmen Mönche aus dem Kloster Tegernsee das verlassene Kloster. Unter der neuen Leitung entwickelte es sich bis zu seiner Aufhebung im Jahr 1803 zu einem der bedeutendsten geistigen und geistlichen Zentren Bayerns. Berühmt waren vor allen Dingen seine Schreibschule und die Bibliothek, in der so einzigartige Werke verwahrt wurden wie die „Carmina Burana", eine Liederhandschrift aus dem 13. Jahrhundert, die Carl Orff im 20. Jahrhundert teilweise vertonte. In Benediktbeuern wurden theologische, philosophische und wissenschaftliche Studien betrieben, u. a. wurde hier der Ordensnachwuchs ausgebildet.

Umbau, Auflösung und Neubeginn

Ab 1669 begann der große barocke Umbau des mittelalterlichen Klosters, in dem heute alle Stile von der Gotik über den Barock bis hin zum Rokoko ein harmonisches Miteinander darstellen.

Salesianer Don Boscos

An der Gestaltung der Klosterkirche und des Konventgebäudes beteiligten sich u. a. so hervorragende zeitgenössische Künstler wie Hans Georg Asam (Deckenfresken der Klosterkirche), Johann Michael Fischer (Anastasiakapelle) oder Johann Baptist Zimmermann (Bibliothek, Säle).

Mit der Auflösung des Klosters fiel der Gebäudekomplex an den Freiherrn Josef von Utzschneider, der die Anlage vor dem Abriss bewahrte. Utzschneider war Teilhaber an einem Optischen Institut. Diesem trat Joseph Fraunhofer 1806 bei. 1807 errichtete er in Benediktbeuern eine Glashütte, in der er hochwertiges Glas für wissenschaftliche Zwecke und neuartige Prismen herstellte sowie die nach ihm benannten Fraunhofer'schen Linien entdeckte (Absorptionslinien im Sonnenlicht). 1818 übernahm der bayerische Staat das Kloster und funktionierte die Gebäude

Das Gewölbe der Klosterkirche scheint optisch von der Wand zu rutschen.

Giovanni Bosco wurde 1815 als Kind piemontesischer Bauern geboren. Sein Wunsch, Priester zu werden, scheiterte anfänglich an seiner finanziellen Situation. Um sich die Schule und das Priesterseminar leisten zu können, arbeitete Giovanni hart und studierte nebenbei. 1841 wurde er zum Priester (Don) geweiht, und sein Hauptaugenmerk in seiner seelsorgerischen Tätigkeit im Turiner Stadtteil Valdocco lag auf der Unterstützung armer und benachteiligter Jugendlicher. 1846 gründete er in einem Schuppen im Valdocco für die Jugendlichen eine Art Werk- und Lernstatt, das „Oratorium des heiligen Franz von Sales", um mit ihnen die Freizeit zu verbringen, sie zu unterrichten und ihnen eine Ausbildung zu ermöglichen. Mit der Absicht, andere Menschen für seine Arbeit zu gewinnen und sein sozial-christliches Werk auf eine breitere Basis zu stellen, gründete er 1859 die „Gesellschaft des heiligen Franz von Sales", die 1874 von Papst Pius IX. anerkannt wurde. Mit der später heiliggesprochenen Maria Mazzarello gründete Don Bosco 1872 die „Töchter Mariens, Hilfe der Christen". Am 31. Januar 1888 starb er, seine Reliquien liegen in der Maria-Hilf-Basilika in Valdocco (Turin). Papst Pius XI. sprach Don Bosco im Jahr 1934 heilig. Der Turiner gilt als Schutzpatron der Jugend und der Jugendseelsorger.

Das Deckenfresko der Anastasiakapelle von Johann Jakob Zeiller hat die Dreifaltigkeit zum Motiv. Auf der oberen Wolke links sitzt Jesus vor dem Kreuz, rechts Gottvater, darüber schwebend der Heilige Geist als Taube. Links im blauen Kleid: Maria. Die Bilder in den vier Medaillons zeigen Szenen aus dem Leben der heiligen Anastasia.

um. Bis 1930 – als die Salesianer Benediktbeuern schließlich erwerben konnten – dienten die Gebäude unterschiedlichen Zwecken: als Pferdestall, Kaserne, Invaliden- und Rehabilitationsheim für Soldaten sowie als Gefängnis.

Eine alte Tradition lebt wieder auf

Mit den Salesianern Don Boscos wurde Benediktbeuern wieder seiner eigentlichen Bestimmung zugeführt. Geistig-spirituelles Leben zog in die Gebäude ein, und sie wurden zu einer Stätte

Salesianer Don Boscos

der Bildung und Ausbildung. So beherbergt das Kloster heute eine Vielzahl von Instituten und Einrichtungen für Studierende, Kinder, Jugendliche, junge Erwachsene und Familien, denen ein speziell auf sie ausgerichtetes Bildungs- und Kulturprogramm angeboten wird.

In den Gästeeinrichtungen (Kloster, Aktionszentrum, Zentrum für Umwelt und Kultur, Jugendherberge, Klosterbraustübel) finden Konzerte, Lesungen, Vorträge statt. Weitere Themen sind ökologische Wanderungen in das umliegende Naturschutzgebiet, Heilpflanzenkunde, Herstellung von Naturkosmetika, Gartenexerzitien oder ein Ostereierkunstmarkt. Benediktbeuern ist Ausgangspunkt für vielfältige Freizeitaktivitäten in das Umland. Die 1800 Meter hohe Benediktenwand lockt Bergsteiger an, die Städte Innsbruck oder München eher die Sightseeing-Touristen.

Links: Die Anastasiakapelle, ein Highlight des Rokoko nach Entwürfen von Johann Michael Fischer, wurde 1758 geweiht.

Die „Gesellschaft des heiligen Franz von Sales" wurde durch den Priester Don Bosco 1859 in Turin gegründet und 1874 anerkannt. Die Salesianer Don Boscos sehen ihren seelsorgerischen und aktiven Schwerpunkt in der Jugendarbeit, in der Erziehung und Ausbildung. Sie arbeiten seit 1919 in Deutschland – heute mit rund 400 Mitarbeitern in 35 Einrichtungen. Die größte Niederlassung mit fast 50 Brüdern befindet sich in Benediktbeuern.

Nach den Jesuiten sind die Salesianer Don Boscos die zweitgrößte katholische Ordensgemeinschaft mit fast 17 000 Mitgliedern in 130 Ländern. Der weibliche Zweig, der 1872 unter dem Namen „Töchter Mariens, Hilfe der Christen" (Don-Bosco-Schwestern) gegründet wurde, ist der größte katholische Orden mit rund 15 000 Schwestern in 89 Ländern. Hinzu kommen noch die tätigen Laien, die sich in der Gemeinschaft der „Salesianischen Mitarbeiter Don Boscos" zusammengeschlossen haben.

Die Arbeit mit benachteiligten und armen Jugendlichen, insbesondere Straßenkindern, ist auch ein wichtiger Aufgabenschwerpunkt der Salesianischen Mission. Unterstützt werden weltweite Projekte nicht nur durch die Salesianer jeweils vor Ort, sondern auch durch die Bereitstellung finanzieller Mittel aus Spenden und Beiträgen christlicher Hilfswerke, wie z. B. Misereor.

Rechts: Das Kloster mit dem Friedhof

Salvatorianer

Info

Salvatorianerkloster Steinfeld
Hermann-Josef-Straße 4
D-53925 Kall-Steinfeld
Tel. 02441/889-0
Fax 02441/889-128
info@kloster-steinfeld.de oder
gaeste@kloster-steinfeld.de
www.kloster-steinfeld.de

Angebot
Messe (täglich)
Orgelkonzerte
Gästehaus
Einkehrtage
Exerzitien
Akademie Kloster Steinfeld
Gymnasium
Internat
Wallfahrt zum heiligen Hermann-Josef

Oberhalb des Ortes Steinfeld in der Nordeifel muss es schon im ausgehenden 10. Jahrhundert und im Verlauf des 11. Jahrhunderts klösterliches Leben gegeben haben, denn die ersten Belege von 1070 sprechen von einer Klostergemeinschaft, die aber 1121 wirtschaftlich und geistig daniederlag und durch den damaligen Kölner Erzbischof Friedrich I. mit Regularkanonikern, Augustiner-Chorherren aus dem Kloster Springiersbach, wiederbesiedelt wurde.

Von Chorherren und Prämonstratensern

In den Jahren 1130 bis 1140 muss sich die Hinwendung der Chorherren zu den Regeln Norberts von Xanten und dem soeben von ihm gegründeten Prämonstratenserorden vollzogen haben. Das Kloster blühte spirituell und wirtschaftlich im Laufe dieses Jahrhunderts auf. Tochtergründungen in Böhmen, England und Irland legen Zeugnis vom Einfluss des Klosters Steinfeld ab. Die seelsorgerische Tätigkeit reichte weit in die Eifel hinein und darüber hinaus bis nach Krefeld und in die Naheregion hinein.

Steinfeld entwickelte sich zum Bildungszentrum der Prämonstratenser im Rheinland und galt in der Gegenreformation als katholisches Bollwerk, wie auch die 1618 in Köln gegründete Hochschule der Prämonstratenser, das Collegium Norbertinum, zeigt. 1802 wurde das Kloster im Zuge der Säkularisation aufgelöst.

Neben der romanischen Basilika mit vorwiegend barocker Ausstattung steht dem Besucher auch die schlichte Kapelle für Meditationen zur Verfügung.

Die Salvatorianer

1881 gründete der Priester Johann Baptist Jordan in Rom eine Apostolische Lehrgesellschaft zur inneren und äußeren Mission der Menschen. Zwei Jahre später wurde daraus eine Apostolische Ordensgemeinschaft mit dem Namen „Gesellschaft des Göttlichen Heilands" (Societas Divini Salvatoris), kurz Salvatorianer genannt. Jordan führte nun den Ordensnamen Pater Franziskus Maria vom Kreuze. Die Salvatorianer verstehen sich als aktive Ordensgemeinschaft. Sie sind daher verstärkt in der Seelsorge, der Erziehung und der Mission rund um den Globus tätig. Ihr Ziel ist es, den Menschen die Heilige Schrift näher zu bringen, damit sie Jesus Christus als ihren Heiland erkennen, ihn lieben und ihm dienen mögen.

Der weibliche Zweig wurde 1888 ebenfalls in Rom durch Jordan und Theresa von Wüllenweber gegründet. Von Wüllenweber nannte sich nach der Ordensgründung Mutter Maria von den Aposteln. Die Salvatorianerinnen führen den offiziellen Namen „Schwestern vom Göttlichen Heiland" und ihre Aufgaben gleichen denen ihrer männlichen Ordensbrüder.

Salvatorianer in Steinfeld

Mit der Säkularisation wurde zwar das Kloster aufgehoben, die Abteikirche wurde aber fortan als Pfarrkirche genutzt und blieb dadurch erhalten. Wertvoller Klosterbesitz, wie die einmaligen Glasfenster des Kreuzgangs, wurden allerdings vermutlich verkauft. Die Fenster befinden sich heute teilweise im Viktoria-und-Albert-Museum

Diese Madonna mit Kind aus Holz ist eine Arbeit aus dem 15. Jahrhundert.

in London und in einigen Kirchen Südenglands. 1844 gelangte das Kloster in preußischen Staatsbesitz, und auf dem Areal wurde 1853 eine Erziehungsanstalt für Kinder errichtet. 1923 gründeten die Salvatorianer in der ehemaligen Abtei wieder ein Kloster mit Gymnasium und Internat. 1960 wurde die Abteikirche anlässlich der Heiligsprechung von Hermann-Josef zur Basilica minor erhoben.

Romanische Baukunst und barocke Umgestaltung

Die in den Jahren 1142 bis um 1150 errichtete Klosterkirche ist eines der frühesten Zeugnisse einer romanischen, vollständig eingewölbten Pfeilerbasilika im Rheinland. Der Kreuzgang wurde zwischen 1499 und 1557 errichtet und im 18. Jahrhundert um ein Geschoss erhöht. Der ehemalige Krankenbau östlich des Kreuzgangs ist heute Hauskapelle, darüber liegt der ehemalige Bibliothekssaal. Von den ehemaligen romani-

Mit zwölf Jahren kam der Kölner Junge Hermann (zweite Hälfte 12. bis erste Hälfte 13. Jahrhundert) in das Prämonstratenserkloster Steinfeld. Nach seiner Priesterweihe war er in der Umgebung als Seelsorger tätig und im Kloster hatte er das Amt des Sakristans inne. Seinen Beinamen Josef erhielt er aufgrund seiner mystischen Begabung und seiner visionären Vermählung mit Maria, der Muttergottes, der er schon als Kind in der Kölner Kirche Sankt Maria im Kapitol Äpfel als Geschenk am Altar niedergelegt haben soll. Angeblich hat das Jesuskind auf Marias Schoß sogar einen seiner Äpfel entgegengenommen. Sein Grab in der Basilika des Klosters Steinfeld entwickelte sich schon bald zur Wallfahrtsstätte, besonders am Hermann-Josef-Fest, dem 7. Sonntag nach Ostern, sowie am 21. Mai. Auch heute werden noch oft frische Äpfel an seinem Grab (Foto unten) niedergelegt. Die Bestätigung seiner Jahrhunderte während Verehrung als Heiliger durch Rom erfolgte im Jahre 1958. Gefeiert wurde dies in der Festwoche im Mai 1960.

schen bzw. gotischen Klostergebäuden ist im Original nichts mehr erhalten. Sie wurden im 17. Jahrhundert neu errichtet, wie etwa das neue Krankenhaus (heute Sitz der Verwaltung). Spätere Umbauten erfolgten im Verlauf des 18. Jahrhunderts: Der ehemalige Westteil wurde zum Mittelpunkt der neuen Klosteranlage, die nun eine neue Abtswohnung (1784), eine Umfassungsmauer (1790) und ein repräsentatives Hauptportal (1738) erhielt. Die barocke Umgestaltung machte auch vor dem Inneren der Abteikirche nicht halt. Erwähnenswert sind hier besonders die Orgel von Balthasar König, die zwischen 1720 und 1725 entstanden ist, die Alabasterfigur, die den Marmorsarkophag des heiligen Hermann-Josef schmückt (1732), und die Vielzahl von Altären (20 Stück), die bis 1797 eingerichtet worden waren. Heute sind noch zehn Nebenaltäre in der Basilika zu sehen. In der Norbertkapelle befinden sich Reliquien des Gründers des Prämonstratenserordens.

Das Grabmal des Hermann-Josef, wo auch heute noch gern Äpfel niedergelegt werden (siehe Kastentext)

Umfassende Bildungsangebote

Gemäß der salvatorianischen Regeln liegt ein Schwerpunkt auf der christlichen (Aus-)Bildung sowohl im Kinder- und Jugendbereich durch das angeschlossene Gymnasium und Internat als auch in der Erwachsenenbildung durch die Akademie Kloster Steinfeld, in der ein umfassendes Programm an Kursen und Seminaren angeboten wird. Die Bandbreite reicht von Themen rund um Glauben und Kirche, Besinnung, Meditation, Entspannung und Selbsterfahrung bis hin zu praktischeren Betätigungen wie in der

Malakademie oder den Bridgekursen. Das Gäste-haus (Franziskus-Jordan-Haus) steht aber nicht nur Kursteilnehmern zur Verfügung, sondern auch Menschen, die an Einkehrtagen und Exer-zitien teilnehmen oder die Räumlichkeiten für eigene Veranstaltungen wie Familienfeiern mie-ten möchten.

Am spirituellen Leben der Salvatorianer können Gäste bei der Messe und der Vesper teilnehmen. Ein besonderer Genuss sind die regelmäßigen Orgelkonzerte in der Basilika mit der restaurier-ten König-Orgel, einer der größten erhaltenen, dreimanualigen Orgeln des Rheinlands.

Blick auf die Kirche mit den beiden Rundtürmen der Westfassade, im Vordergrund der Friedhof

Evangelische Gemeinschaften

Info

Kloster Stift zum Heiligengrabe
Stiftsgelände 1
D-16909 Heiligengrabe
Tel. 03 39 62/808-0
Fax 03 39 62/808-30
klosterstiftzumheiligengrabe@t-online.de
www.klosterstift-heiligengrabe.de

Angebot
Andacht (täglich)
Einkehrzeiten
Ora-et-labora-Woche
Klosterführungen
Konzerte
Seminare
Klostermuseum
Gästehaus
Gastronomie und Hotel

Das ehemalige Zisterzienserinnenkloster Heiligengrabe ist eine der am besten erhaltenen Klosteranlagen Brandenburgs und steht unter Denkmalschutz.

Kurz nach der Gründung 1287 durch den askanischen Markgraf Otto bezogen zwei Jahre später zwölf Nonnen aus dem Zisterzienserinnenkloster Neuendorf bei Altmark das neue Kloster bei Techow (Brandenburg/Ruppin). Der Name Heiligengrabe geht auf ein heiliges Grab zurück, das an Tod und Auferstehung Jesu Christi erin-

Oben: Die Heiliggrabkapelle mit ihrer erdig-heiteren Farbigkeit

Links: Die Klausur (Mitte) mit der Stiftskirche (rechts) und der Heiliggrabkapelle (links im Anschnitt)

nert. Ein 1984 gefundenes kleines Grabgewölbe unter dem Boden der Heiliggrabkapelle belegt diese Vermutung. Die aus dem ersten Drittel des ´6. Jahrhunderts überlieferte sogenannte Gründungslegende berichtet von einer wundertätigen blutenden Hostie. Diese Legende besagt, dass ein Jude eine heilige Hostie gestohlen habe und sie unter einem Galgen vergrub. Nach Entdeckung des Frevels wurde der Jude hingerichtet. An der Stelle, an der er angeblich die Hostie vergrub, soll die Heiliggrabkapelle (zeitweise auch Blutkapelle genannt) gebaut worden sein. Die heutige Kapelle ersetzte einen Vorgängerbau und wurde 1512 geweiht. Die damalige Äbtissin Anna von Rohr ließ die Legende 1532 bildlich auf 15 Tafeln darstellen, von denen heute noch sieben erhalten sind. Diese Erzählung begründete zeitweise die Anziehung von Heiligengrabe als Wallfahrtsort.

Doch weniger durch die Einnahmen als Wallfahrtsort als vielmehr durch großzügige Schenkungen adeliger Familien und durch seine Wirt-

schaftsbetriebe (Grangien) sowie die Urbarmachung der von Bächen durchzogenen regionalen Feuchtgebiete blühte das Kloster wirtschaftlich auf. Um 1500 gehörten dem Kloster rund 65 000 Morgen Land und 17 Dörfer.

Wechsel zum Protestantismus

1539 ereilte Brandenburg das Schicksal vieler Fürstentümer. Nach dem Motto „Wer regiert, bestimmt den Glauben" führte Kurfürst Joachim II. von Brandenburg das protestantische Glaubensbekenntnis ein. Da die Reformation den Klöstern bzw. dem Ordensleben generell kritisch gegenüberstand, wurden die bestehenden Klöster entweder aufgelöst oder die Mönche und Nonnen mussten sich dem evangelischen Bekenntnis und der entsprechenden Kirchenordnung anschließen. Die heftige Weigerung der Zisterzienserinnen Heiligengrabes führte nach vielen Auseinandersetzungen dazu, dass sie 1548 ihr Kloster verließen, um dann ein Jahr später nach Aushandlung eines Kompromisses zurückzukehren und die evangelische Kirchenordnung anzu-

Als Diakonisse (griech. diakonos = Diener) wird eine Frau bezeichnet, die in einer evangelischen Glaubensgemeinschaft nach einer geistlichen Ordnung mit festen Gebetszeiten etc. lebt. Die Stiftsfrauen werden in einem Gottesdienst eingeführt und zu Armut, Gehorsam und Ehelosigkeit verpflichtet; die Feierlichkeit umfasst die Einsegnung und die Einkleidung. Von diesem Mutterhaus aus werden die Diakonissen in karitative und soziale, gelegentlich auch missionarische Tätigkeiten entsandt.

nehmen. Die Besitztümer blieben dem Kloster erhalten. Die Vorsteherin hieß nun nicht mehr Äbtissin, sondern Domina. Die Finanzierung und der Unterhalt der adeligen Damen waren unterschiedlich geregelt. Manche brachten eine Art Mitgift ein und/oder erhielten eine regelmäßige Zuwendung zur freien Verfügung. Außerdem erhielten die höheren Töchter eine der Zeit entsprechende Ausbildung.

1740 wurde das Kloster offiziell von König Friedrich II. zum Damenstift erhoben, und die Leiterin durfte sich wieder Äbtissin nennen.

Neue Aufgaben

Mit der Aufhebung der Leibeigenschaft im Jahr 1811 konnte das Kloster seinen Landbesitz nicht mehr bewirtschaften und verlor bis auf drei Rittergüter allen Grundbesitz, doch gleichzeitig nahmen die sozialen Aufgaben, die an das Kloster gestellt wurden, zu. 1847 erfolgte die Gründung einer Mädchenschule, und ab 1853 kamen die Einrichtung eines Waisenhauses, die

Armenspeisung sowie die Altenbetreuung und Krankenpflege als neue Aufgabenfelder für die Stiftsdamen hinzu.

Die Schule, die vor allem adelige Mädchen aufnahm, vermittelte eine vorzügliche Bildung. Sie konnte sich durch die Zeit des Nationalsozialmus retten, musste aber mit Ende des Zweiten Weltkrieges aufgelöst werden. Nur wenige Stiftsdamen blieben. Sie eröffneten 1952 eine Paramentikwerkstatt. Unter Äbtissin Ingeborg-Maria von Werthern begannen die Sommerkonzerte, und ein Gästehaus (heute Klosterhof) wurde gebaut. Nach Abzug der Russen wurden die zentralen Gebäude des Klosters von den Friedenshort-Diakonissen aus Oberschlesien bezogen. 1996 wurde, noch veranlasst durch Äbtissin von Werthern, ein neuer Konvent nach zisterziensischem Vorbild gegründet, der heute der Gemeinschaft Evangelische Zisterzienser-Erben (www.evangelische-zisterzienser-erben.de) in Deutschland angehört. Derzeit befindet sich das Kloster in einer umfassenden Sanierungs- und

Restaurierungsphase. Im ehemaligen Stifthauptmannshaus wurde das Museum der Klostergeschichte eingerichtet. Weitere Ausstellungen gibt es in der Abtei. Aus dem ehemaligen Gästehaus wurde ein Restaurant mit Hotelbetrieb. Das Kloster führt daneben ein eigenes Gästehaus (Einkehrhaus).

Gäste sind willkommen

Das Kloster Stift Heiligengrabe bietet neben den kunsthistorischen Sehenswürdigkeiten der Anlage ein abwechslungsreiches Programm aus Konzerten und Seminaren mit den Schwerpunkten Theologie, Kunst und Geschichte sowie Kreativität und Entspannung im Alltag. Gästen stehen das Wulffenhaus oder das Klosterhotel zur Verfügung. Frauen, die einen persönlichen Rückzug suchen, können auch kurze Zeit innerhalb der Klausur leben.

Info

Kloster Loccum
Im Kloster 2
D-31547 Rehburg-Loccum
Tel. 057 66/9602-0
Fax 057 66/9602-11
Klosterbuero.Loccum@evlka.de
www.kloster-loccum.de

Angebot

Abendandacht (Hora, täglich)
Gottesdienst (sonntags)
Kreuzganggespräche (freitags)
Zisterzienserpfad durch die Klosteranlage
Klosterführung (Sa/So 15 Uhr)
Klosterbibliothek (zugänglich, an Deutschen
    Leihverkehr angeschlossen)
Klosterstube mit Klosterladen
Pilgerhaus und Pilgerweg
Tagungs- und Seminarzentrum
Musikveranstaltungen

✳ 1162 wurden zwölf Mönche mit ihrem Abt Ekkehard von ihrem Mutterkloster Volkenroda in Thüringen in die Nähe des heutigen Hannover und des Steinhuder Meeres gesandt, um in einer wasserreichen Senke das Zisterzienserkloster Loccum zu gründen (1163). Loccum ist eines der besterhaltenen Zisterzienserklöster nördlich der Alpen, in seinem Erhaltungszustand vergleichbar mit Maulbronn. Die Bauten mit Kirche, Kreuzgang und den umliegenden Wirtschaftsgebäuden sowie Teiche und Waldlandschaft geben Einblicke in die ursprüngliche Organisation des Klosters und die monastische Tagesstruktur. Der angelegte Zisterzienserpfad zeigt dem Besucher auf zwölf Stationen den Klosterbetrieb, etwa die Bereiche der Fischzüchter, Bauern oder auch Förster.

Die Klosterkirche, erbaut in den Jahren 1240 bis 1277, zeigt mit ihrer Schlichtheit, dem kreuzförmigen Grundriss und dem hölzernen Dachreiter anstelle eines Turmes alle Merkmale einer Zisterzienserkirche. Sehenswert neben der Architektur sind hier ein altes Tafelkreuz aus der Mitte des 13. Jahrhunderts und eine Mondsichel-Madonna aus dem 15. Jahrhundert.

Als freies Reichskloster gegründet, erlebte Loccum seine wirtschaftliche und geistige Blüte

im 13. und 14. Jahrhundert, erwarb weite Ländereien und erwirtschaftete einen beträchtlichen Wohlstand, den das Kloster bis zur Agrarreform im 19. Jahrhundert halten konnte.

Evangelische Zisterzienser

Obwohl die Zisterzienser im 16. Jahrhundert das Augsburger Bekenntnis übernahmen, also Lutheraner wurden, behielt ihr Kloster (wie auch die Klöster Amelungsborn und Volkenroda) doch die zisterziensische Struktur aus Abt, Prior und Konvent zur Verwaltung des Klosters bei. Diese Verbundenheit zum ehemaligen Mutterorden wird seit einigen Jahren zusätzlich dadurch gewürdigt, dass der Loccumer Abt regelmäßig an den Versammlungen des Generalkapitels des Zisterzienserordens in Rom teilnehmen darf.

Rechtlich gehört das Kloster heute zur evangelisch-lutherischen Landeskirche Hannover, hat aber als eigenständige Körperschaft öffentlichen Rechts weitgehende Autonomie, z. B. mit dem Recht der selbstständigen Abtwahl. Die einzige festgeschriebene Aufgabe durch die Landeskirche sind der Unterhalt und das Betreiben des Predigerseminars, das hier seit 1820 als älteste deutsche Einrichtung dieser Art besteht.

Spirituelle Begleitung

Wer einige Tage als Gast im Kloster verbringen will, kann dies entweder im Tagungshaus oder im seit 2006 existierenden Pilgerhaus tun. Dort müssen sich die Gäste allerdings selbst versorgen. Neben dem theologisch-beruflichen Seminarbetrieb werden auch Tagungen und Seminare für Laien angeboten, die sich mit Glaubensfragen auseinandersetzen wollen. Im Angebot ist auch ein spirituelles Coaching für Führungskräfte aus der Wirtschaft.

Seit 2005 finden regelmäßige Pilgerwanderungen zum ehemaligen Mutterkloster nach Volkenroda oder in die nähere Umgebung statt (nach Stadthagen – 21 Kilometer; nach Steinhude – 21 Kilometer; nach Mardorf – 15 Kilometer). Der 300 Kilometer lange Weg nach Volkenroda ist schon

Vorherige Seite: Die Bibliothek des Klosters von außen und (unten) von innen

teilweise mit Pilgerzeichen ausgeschildert. Wer sich nicht allein auf den Pilgerführer „Zwischen

Loccum und Volkenroda" von Jens Gundlach (plus Kartenmaterial) verlassen will, kann an einer geführten Pilgerwanderung teilnehmen, die in 15 Tagesetappen aufgeteilt ist. Termine für Wochenendpilgern oder 4- oder 5-Tages-Touren sind auf der Homepage hinterlegt oder telefonisch bei der Pilgerpastorin abzufragen.

Kurioses

Das Kloster verfügt seit 2005 über ein Foucault'sches Pendel, das bekanntlich die ansonsten nicht wahrgenommene Erddrehung sichtbar macht. Allerdings hängt es nicht immer in der Klosterkirche. Ist es installiert, zieht es zahlreiche Besucher an, da es die Atmosphäre in der Kirche offensichtlich spirituell auflädt.

Links: Hier beginnt der Pilgerweg von Loccum nach Volkenroda. Genaugenommen müsste der Weg in Volkenroda starten, denn 1162/1163 reiste Abt Ekkehard entlang dieser Strecke, um in Loccum ein Zisterzienserkloster zu gründen.

Rechts: Die Mondsichel-Madonna aus dem 15. Jahrhundert

Glossar

Abt Leiter, Vorsteher einer Mönchsgemeinschaft. Sind mehrere Abteien zu einer Kongregation zusammengeschlossen, steht ihr ein Erzabt, Abtpräses oder Generalabt vor.

Abtei Ursprünglich der Klosterbereich, in dem der Abt wohnte. Später wirtschaftlich und rechtlich eigenständiges Kloster, dem ein Abt vorsteht.

Äbtissin Vorsteherin eines Frauenklosters.

Bettelorden Siehe S. 114.

Chordienst Liturgische Aufgaben (Konventamt, Messe, Stundengebet) der Ordensgemeinschaft.

Chorgebet Gemeinsames, tägliches Gebet der Ordensangehörigen oder Kapitelmitglieder.

Chorherren Siehe Augustiner, ab S. 70.

Damenstift Gemeinschaft von Kanonissen (Chorfrauen), die nach einer Regel zusammenleben, aber – bis auf ihre Äbtissin – keine Gelübde ablegten. Im Mittelalter oft zur Versorgung unverheirateter Töchter, Schwestern usw. eingerichtet.

Evangelische Räte Auf das Evangelium zurückgehende Ratschläge Jesu, die er seinen Jüngern zwar nicht befiehlt, aber als richtungsweisend für ein Leben in seiner Nachfolge ans Herz legt. Dazu gehören Keuschheit, Armut und Gehorsam. Mönche und Nonnen versprechen in ihrem Gelübde die Befolgung dieser Ratschläge.

Exerzitien Siehe S. 112/113.

Handarbeit Neben dem Gebet die zweite wichtige Aufgabe der Mönche, die von ihrer Hände Arbeit leben sollten. Dies diente nicht nur dem Lebensunterhalt der Gemeinschaft, sondern wurde auch als Gegenpol zum Gebet verstanden und sollte dem Müßigang vorbeugen.

Kanonissin Siehe Damenstift.

Kapitelsaal Versammlungsort der Gemeinschaft, in dem die Interessen (Recht, Wirtschaft, Mitglieder) der Gemeinschaft besprochen wurden.

Klausur Abgeschlossener Wohnbereich des Klosters, der nur Ordensleuten zugänglich ist.

Kloster Gemeinschaft und Gebäude eines Ordens. Ein selbstständiges Kloster heißt Abtei.

Kongregation Zusammenschluss mehrerer eigenständiger Klöster und Abteien, die einer Regel folgen und diese in einer gemeinsamen Konstitution festlegen.

Konvent 1. die stimmberechtigten Mitglieder (Konventualen) eines Klosters, 2. alle Mitglieder der Gemeinschaft, 3. das Gebäude.

Kreuzgang Überdachter Umgang um einen rechteckigen Hof oder Garten, oft an der Südseite der Kirche gelegen, der die wichtigsten Räume des Klosters miteinander verband.

Mönch Im strengen Sinn nur das Ordensmitglied der alten Orden, die auch die *stabilitas loci* umfassen und das mönchische Stundengebet abhalten. Angehörige der Bettelorden, die das Stundengebet pflegen, werden daher auch noch Mönch genannt. Mitglieder von Chorherren-Orden, Ritterorden oder neuzeitlichen Gemeinschaften sind im eigentlichen Sinn keine Mönche mehr, auch wenn sie noch so genannt werden.

Nonne Ursprünglich die gottgeweihte Jungfrau, später die in Gemeinschaft lebende Ordensschwester.

Oblaten Von ihren Erziehungsberechtigten dem Kloster für die Klosterlaufbahn übergebene Kinder. Erwachsene, die spät in ihrem Leben einem Kloster beitraten und ihren Besitz dem Kloster schenkten, wurden Oblaten oder auch Donati (Geschenkte) genannt. Heute oft auch Menschen, die sich durch Oblation an ein Kloster binden.

Prior Stellvertreter des Abtes, entweder im selben Kloster, aber auch in einer nicht selbstständigen Tochtergründung.

Propst Leiter eines Dom- oder Stiftskapitels und Vorsteher der Gemeinschaft. In Position und Befugnissen dem Abt eines Klosters vergleichbar.

Stift Aufgrund einer Stiftung an einer Stiftskirche in Gemeinschaft, nach einer Regel lebende Kleriker, die den Chordienst verrichten. Die einzelnen Mitglieder werden Stiftsherren oder Kanoniker genannt. Die Versammlung, die über das Stift entscheidet, wird als Stiftskapitel bezeichnet. Übertragen wurde der Name Stift später auch oft auf Klöster (Reichsstift) oder geistliche Fürstentümer (Erzstift).